建设项目招投标合规

百问百答

张雪锋／著

法律出版社 LAW PRESS · CHINA
北京

图书在版编目(CIP)数据

建设项目招投标合规百问百答 / 张雪锋著. -- 北京：法律出版社, 2024

ISBN 978 - 7 - 5197 - 8549 - 9

Ⅰ. ①建… Ⅱ. ①张… Ⅲ. ①建筑工程－招标投标法－中国－问题解答 Ⅳ. ①D922.297.5

中国国家版本馆 CIP 数据核字(2023)第 219673 号

建设项目招投标合规百问百答
JIANSHE XIANGMU ZHAO · TOUBIAO HEGUI BAI WEN BAI DA

张雪锋 著

责任编辑 慕雪丹 章 雯
装帧设计 汪奇峰 贾丹丹

出版发行 法律出版社
编辑统筹 法商出版分社
责任校对 赵明霞
责任印制 胡晓雅
经　　销 新华书店

开本 710 毫米×1000 毫米 1/16
印张 13　**字数** 210 千
版本 2024 年 3 月第 1 版
印次 2024 年 3 月第 1 次印刷
印刷 固安华明印业有限公司

地址:北京市丰台区莲花池西里 7 号(100073)
网址:www.lawpress.com.cn
投稿邮箱:info@lawpress.com.cn
举报盗版邮箱:jbwq@lawpress.com.cn

销售电话:010 - 83938349
客服电话:010 - 83938350
咨询电话:010 - 63939796

书号:ISBN 978 - 7 - 5197 - 8549 - 9
定价:59.00 元

凡购买本社图书,如有印装错误,我社负责退换。电话:010 - 83938349

目录
CONTENTS

第一章 招标法律实务问答

1 如何识别一个项目是否属于必须招标的范围?

答:哪些工程项目是强制招标项目,哪些工程项目可以直接发包,关乎承发包双方重大利益及责任承担。因此,承发包双方必须高度重视项目是否属于必须招标项目,而识别是否属于必须招标的项目依据就是《招标投标法》第三条、《必须招标的工程项目规定》(国家发展和改革委员会令第16号,自2018年6月1日起施行)和《必须招标的基础设施和公用事业项目范围规定》(发改法规规〔2018〕843号,自2018年6月6日起施行)。

根据上引规定,笔者认为,识别一个项目是否属于必须招标范围,需从以下三个维度进行识别。

一、是否属于达到一定规模条件的三大类工程建设项目,若属于达到一定规模条件的三大类工程建设项目,则属于必须招标的范围

一定规模条件是指达到国家发展和改革委员会令第16号第五条规定,建设工程项目勘察、设计、施工、监理以及与工程建设有关的重要设备、材料等的采购达到下列标准之一的,必须招标:

1. 施工单项合同估算价在400万元人民币以上;

2. 重要设备、材料等货物的采购,单项合同估算价在200万元人民币以上;

3. 勘察、设计、监理等服务的采购,单项合同估算价在100万元人民币以上。同一项目中可以合并进行的勘察、设计、施工、监理以及与工程建设有关的重要设备、材料等的采购,合同估算价合计达到以上规定标准的,必须招标。

三大类工程是指国家发展和改革委员会令第16号第二条、第三条、第四条以及发改法规规〔2018〕843号第二条规定的三大类工程。

第一类是大型基础设施、公用事业等关系社会公共利益、公众安全的工程项目。包括以下五类:

1. 煤炭、石油、天然气、电力、新能源等能源基础设施项目;

2. 铁路、公路、管道、水运,以及公共航空和A1级通用机场等交通运输基础设施项目;

3. 电信枢纽、通信信息网络等通信基础设施项目；

4. 防洪、灌溉、排涝、引（供）水等水利基础设施项目；

5. 城市轨道交通等城建项目。

第二类是全部或者部分使用国有资金投资或者国家融资的两类工程项目：

1. 使用预算资金200万元人民币以上，并且该资金占投资额10%以上的项目；

2. 使用国有企业事业单位资金，并且该资金占控股或者主导地位的项目。

第三类是使用国际组织或者外国政府贷款、援助资金的项目：

1. 使用世界银行、亚洲开发银行等国际组织贷款、援助资金的项目；

2. 使用外国政府及其机构贷款、援助资金的项目。

二、是否属于政府采购且达到公开招标数额标准的项目，若达到公开招标的数额标准，又属于政府采购的工程项目，则必须招标

《政府采购法》第二条第二款规定："本法所称政府采购，是指各级国家机关、事业单位和团体组织，使用财政性资金采购依法制定的集中采购目录以内的或者采购限额标准以上的货物、工程和服务的行为。"该法第四条规定："政府采购工程进行招标投标的，适用招标投标法。"政府采购工程项目招标数额标准执行《必须招标的工程项目规定》。

三、是否属于法律或者国务院对必须进行招标的其他项目的范围有规定的，依照其规定的工程项目

《招标投标法》第三条第三款规定："法律或者国务院对必须进行招标的其他项目的范围有规定的，依照其规定。"若属于该法第三条第三款规定的工程项目，也属于必须招标项目。

【案例】[①]金昌恒基伟业电力发展有限公司与国电光伏有限公司建设工程施工合同纠纷案［（2019）最高法民终87号之一］

裁判要旨：案涉项目属新能源项目，且总投资额超过应当招标的

① 本书案例中引用的法律规定，均为案件裁判时生效的相关规定。——编者注

规模标准,依法必须进行招标;该项目并未履行招标投标程序,订立的合同无效。

【法院裁判】最高人民法院认为,关于国电光伏有限公司(以下简称国电光伏公司)与金昌恒基伟业电力发展有限公司(以下简称金昌恒基公司)签订的《甘肃金昌100MWp项目光伏电站建设商务合同》(以下简称《光伏电站商务合同》)的效力问题,《光伏电站商务合同》约定,国电光伏公司承包本工程整套完整的100MWp光伏电站,合同总价为人民币83500万元。依据《招标投标法》第三条第一款第(一)项"在中华人民共和国境内进行下列工程建设项目包括项目的勘察、设计、施工、监理以及与工程建设有关的重要设备、材料等的采购,必须进行招标:(一)大型基础设施、公用事业等关系社会公共利益、公众安全的项目"和《工程建设项目招标范围和规模标准规定》第二条第一项"关系社会公共利益、公众安全的基础设施项目的范围包括:(一)煤炭、石油、天然气、电力、新能源等能源项目"及第七条第四项"本规定第二条至第六条规定范围内的各类工程建设项目,包括项目的勘察、设计、施工、监理以及与工程建设有关的重要设备、材料等的采购,达到下列标准之一的,必须进行招标:(四)单项合同估算价低于第(一)、(二)、(三)项规定的标准,但项目总投资额在3000万元人民币以上的"①之规定,案涉项目属新能源项目,且总投资额远超3000万元,必须进行招标。而金昌恒基公司与国电光伏公司就案涉项目签订《光伏电站商务合同》并未履行招投标程序,依据《最高人民法院关于审理建设工程施工合同纠纷案件适用法律问题的解释》第一条第三项"建设工程施工合同具有下列情形之一的,应当根据合同法第五十二条第(五)项的规定,认定无效:(三)建设工程

① 原《工程建设项目招标范围和规模标准规定》已被《国务院关于〈必须招标的工程项目规定〉的批复》废止,现行规定为《必须招标的工程项目规定》(国家发展和改革委员会令第16号)第四条:"不属于本规定第二条、第三条规定情形的大型基础设施、公用事业等关系社会公共利益、公众安全的项目,必须招标的具体范围由国务院发展改革部门会同国务院有关部门按照确有必要、严格限定的原则制订,报国务院批准。"第五条:"本规定第二条至第四条规定范围内的项目,其勘察、设计、施工、监理以及与工程建设有关的重要设备、材料等的采购达到下列标准之一的,必须招标:(一)施工单项合同估算价在400万元人民币以上;(二)重要设备、材料等货物的采购,单项合同估算价在200万元人民币以上;(三)勘察、设计、监理等服务的采购,单项合同估算价在100万元人民币以上。同一项目中可以合并进行的勘察、设计、施工、监理以及与工程建设有关的重要设备、材料等的采购,合同估算价合计达到前款规定标准的,必须招标。"

必须进行招标而未招标或者中标无效的"[①]之规定,《光伏电站商务合同》违反法律、行政法规的强制性规定,应认定为无效合同。

2 哪些工程项目可以依法不进行招标?

答:依法可以不进行招标的工程项目,根据《招标投标法》第六十六条和《招标投标法实施条例》第九条第一款的规定,有9类工程项目可以不进行招标,具体为:

1. 涉及国家安全的工程项目;

2. 涉及国家秘密的工程项目;

3. 涉及抢险救灾的工程项目;

4. 属于利用扶贫资金实行以工代赈、需要使用农民工等特殊情况,不适宜进行招标的项目;

5. 需要采用不可替代的专利或者专有技术;

6. 采购人依法能够自行建设、生产或者提供;

7. 已通过招标方式选定的特许经营项目投资人依法能够自行建设、生产或者提供;

8. 需要向原中标人采购工程、货物或者服务,否则将影响施工或者功能配套要求;

9. 国家规定的其他特殊情形。

上述9类项目中,1～4项属于《招标投标法》第六十六条规定的项目,其余5项属于《招标投标法实施条例》第九条第一款规定的项目。

---

① 原《最高人民法院关于审理建设工程施工合同纠纷案件适用法律问题的解释》已被《最高人民法院关于废止部分司法解释及相关规范性文件的决定》(法释〔2020〕16号)废止,现行规定为《最高人民法院关于审理建设工程施工合同纠纷案件适用法律问题的解释(一)》(法释〔2020〕25号)第一条:"建设工程施工合同具有下列情形之一的,应当依据民法典第一百五十三条第一款的规定,认定无效:(一)承包人未取得建筑业企业资质或者超越资质等级的;(二)没有资质的实际施工人借用有资质的建筑施工企业名义的;(三)建设工程必须进行招标而未招标或者中标无效的。承包人因转包、违法分包建设工程与他人签订的建设工程施工合同,应当依据民法典第一百五十三条第一款及第七百九十一条第二款、第三款的规定,认定无效。"

【案例】青海西部化工有限责任公司与中天建设集团有限公司建设工程施工合同纠纷案[(2009)民一终字第7号]

裁判要旨：如果建设工程仅涉及商业秘密，且该秘密未经主管机关批准上升为国家秘密，不能据此认定该工程"涉及国家秘密"而"不适宜进行招标"。

【法院裁判】最高人民法院认为，该案建设工程施工合同属于施工单项合同。根据《招标投标法》第三条和《工程建设项目招标范围和规模标准规定》第七条规定，该合同价款暂估550万元，应当属于必须招标的范围。虽然青海西部化工有限责任公司(以下简称西部化工)向青海省格尔木昆仑经济开发区管委会递交了申请报告，提出"由于本项目的一些工艺布局、工艺流程、施工图纸、技术参数尚属世界顶尖技术，属于我公司的高度商业机密，为防止技术泄密，特请示对此项工程不采取公开招标的方式，而采用议标的方式进行施工招标"，但其所称该公司的"高度商业机密"并不符合《招标投标法》第六十六条规定所称的可以不进行招标的"涉及国家安全、国家秘密"的特殊情况。此外，青海省发展计划委员会向西部化工下发青计工业〔2003〕314号《柴达木天然气—盐湖资源利用基地规划项目示范工程的批复》，以及青海省格尔木昆仑经济开发区开发建设局分别为该案团结湖示范工程项目核发建设用地规划许可证、建设工程规划许可证和建筑工程施工许可证的事实，也不能认定为《工程建设项目招标范围和规模标准规定》第八条[①]规定的项目主管部门对该案工程可以不进行招标的批准行为。据此，法院认为，案涉建设工程属于法律、行政法规规定的必须招标的项目。《最高人民法院关于审理建设工程施工合同纠纷案件适用法律问

① 原《工程建设项目招标范围和规模标准规定》已被《国务院关于〈必须招标的工程项目规定〉的批复》废止，现行规定为《必须招标的工程项目规定》(国家发展和改革委员会令第16号)第五条："本规定第二条至第四条规定范围内的项目，其勘察、设计、施工、监理以及与工程建设有关的重要设备、材料等的采购达到下列标准之一的，必须招标：(一)施工单项合同估算价在400万元人民币以上；(二)重要设备、材料等货物的采购，单项合同估算价在200万元人民币以上；(三)勘察、设计、监理等服务的采购，单项合同估算价在100万元人民币以上。同一项目中可以合并进行的勘察、设计、施工、监理以及与工程建设有关的重要设备、材料等的采购，合同估算价合计达到前款规定标准的，必须招标。"

题的解释》第一条第(三)项规定:"建设工程施工合同具有下列情形之一的,应当根据合同法第五十二条第(五)项的规定,认定无效:(三)建设工程必须进行招标而未招标或者中标无效的。"①根据该规定,应当认定该案当事人所签的建设工程施工合同无效。

3 必须进行公开招标的项目有哪些?

答:《招标投标法》第十条第一款规定,招标分为公开招标和邀请招标。该条所规定的公开招标是指招标人以招标公告的方式邀请不特定的法人或者其他组织投标的一种方式。

《招标投标法实施条例》第八条规定:"国有资金占控股或者主导地位的依法必须进行招标的项目,应当公开招标;但有下列情形之一的,可以邀请招标:(一)技术复杂、有特殊要求或者受自然环境限制,只有少量潜在投标人可供选择;(二)采用公开招标方式的费用占项目合同金额的比例过大。有前款第二项所列情形,属于本条例第七条规定的项目,由项目审批、核准部门在审批、核准项目时作出认定;其他项目由招标人申请有关行政监督部门作出认定。"《招标投标法》第六十六条和《招标投标法实施条例》规定了可以不招标的特殊情况。

由此可见,必须公开招标的建设项目范围就是除符合邀请招标条件的项目或者符合可以不招标条件之外的国有资金占控股或者主导地位的依法必须进行招标的项目。前述"国有资金"是指国家财政性资金(包括预算内资金和预算外资金),纳入财政管理的各种专项建设基金,国家机关、国有事业单位和社会

① 原《最高人民法院关于审理建设工程施工合同纠纷案件适用法律问题的解释》已被《最高人民法院关于废止部分司法解释及相关规范性文件的决定》(法释〔2020〕16号)废止,现行规定为《最高人民法院关于审理建设工程施工合同纠纷案件适用法律问题的解释(一)》(法释〔2020〕25号)第一条:"建设工程施工合同具有下列情形之一的,应当依据民法典第一百五十三条第一款的规定,认定无效:(一)承包人未取得建筑业企业资质或者超越资质等级的;(二)没有资质的实际施工人借用有资质的建筑施工企业名义的;(三)建设工程必须进行招标而未招标或者中标无效的。承包人因转包、违法分包建设工程与他人签订的建设工程施工合同,应当依据民法典第一百五十三条第一款及第七百九十一条第二款、第三款的规定,认定无效。"

团体的自有资金和接待资金。"占控股或者主导地位"是指掌握一定数量的股份或者资金权益,取得项目的控制地位或者主导权利,其中的"控股"包括绝对控股和相对控股两种形式。该条规定的"必须进行招标的项目"详见"1. 如何识别一个项目是否属于必须招标的范围?"。

【案例】黔东南州兴源建筑工程有限责任公司与黔东南州欣黔投资开发有限责任公司建设工程施工合同纠纷案[(2019)最高法民申264号]

裁判要旨:依法必须招标的项目采用竞争性谈判方式而非公开招投标方式的,签订的合同无效。

【法院裁判】最高人民法院审查认为,该案中,案涉工程系黔东南兴源建筑工程有限责任公司(以下简称兴源公司)带资承建,待项目建成后由黔东南欣黔投资开发有限责任公司(以下简称欣黔公司)回购,且镇远县人民政府承诺欣黔公司到期不能回购则由其回购。因此,案涉工程系使用国有资金进行投融资建设,属于《招标投标法》第三条第一款规定的必须进行招投标的项目。案涉工程系通过竞争性谈判方式承建,亦不符合《政府采购法》第三十条可采用竞争性谈判方式采购的规定。同时根据《政府采购法》第四条"政府采购工程进行招标投标的,适用招标投标法"的规定,《招标投标法》与《政府采购法》在该案的法律适用上亦无冲突。因此,原判决认定兴源公司通过竞争性谈判方式而非公开招投标的方式承建案涉项目,违反了《招标投标法》的规定,依照《最高人民法院关于审理建设工程施工合同纠纷案件适用法律问题的解释》①的规定认定案涉合同无效,适用法律并无不当。

① 原《最高人民法院关于审理建设工程施工合同纠纷案件适用法律问题的解释》已被《最高人民法院关于废止部分司法解释及相关规范性文件的决定》(法释〔2020〕16号)废止,现行规定为《最高人民法院关于审理建设工程施工合同纠纷案件适用法律问题的解释(一)》(法释〔2020〕25号)第一条:"建设工程施工合同具有下列情形之一的,应当依据民法典第一百五十三条第一款的规定,认定无效:(一)承包人未取得建筑业企业资质或者超越资质等级的;(二)没有资质的实际施工人借用有资质的建筑施工企业名义的;(三)建设工程必须进行招标而未招标或者中标无效的。承包人因转包、违法分包建设工程与他人签订的建设工程施工合同,应当依据民法典第一百五十三条第一款及第七百九十一条第二款、第三款的规定,认定无效。"

4 违反公开招标法定程序的建设工程施工合同会无效吗?

答:《招标投标法实施条例》第十五条规定:"公开招标的项目,应当依照招标投标法和本条例的规定发布招标公告、编制招标文件。招标人采用资格预审办法对潜在投标人进行资格审查的,应当发布资格预审公告、编制资格预审文件。依法必须进行招标的项目的资格预审公告和招标公告,应当在国务院发展改革部门依法指定的媒介发布。在不同媒介发布的同一招标项目的资格预审公告或者招标公告的内容应当一致。指定媒介发布依法必须进行招标的项目的境内资格预审公告、招标公告,不得收取费用。编制依法必须进行招标的项目的资格预审文件和招标文件,应当使用国务院发展改革部门会同有关行政监督部门制定的标准文本。"

根据《招标投标法实施条例》第六十三条的规定,依法应当公开招标的项目不按照规定在指定媒介发布资格预审公告或者招标公告,属于限制或者排斥潜在投标人的行为,有关行政监督部门应依照《招标投标法》第五十一条的规定对招标人予以处罚。但该行为既不构成《最高人民法院关于审理建设工程施工合同纠纷案件适用法律问题的解释(一)》第一条第一款第三项规定的"建设工程必须进行招标而未招标"的情形,也不构成"中标无效"的情形,故不影响建设工程施工合同的效力认定。

【案例】普洱磨思高速公路开发经营有限公司与云南路桥股份有限公司建设工程施工合同纠纷案[(2019)最高法民终794号]

裁判要旨:违反法律规定采用邀请招标方式,是违反行政管理的问题,但并不导致合同无效;仅凭招标人与投标人之间的人员任职交叉情形,不能证实双方存在串标投标行为,更不能据此认定招标投标行为无效。

【法院裁判】最高人民法院认为,关于合同效力的问题。首先,《招标投标法》第十条第一款规定,招标分为公开招标和邀请招标,两种招标方式均系合法有效。而案涉招投标发生于2006年,自2012年2月1日起施行的《招标投标法实施条例》不适用于该案。涉案工程采用邀请招标的方式即便与《国家发展改革委关于云南省磨黑至思茅公路项目核准的批复》中的要求不相符合,亦是违反行政管理的问题,并不存在违反当时法律法规的规定而无效的问题。其次,涉案工程经过立项以及报建审批,《总承包协议》及《补充协议》系真实存在的合同,云南路桥股份有限公司(以下简称路桥公司)在工程启动之初系同时作为公路的投资人和建设单位的事实,也有相应的政府审批文件认同。项目公司普洱磨思高速公路开发经营有限公司(以下简称磨思公司)成立后作为发包人与总承包人路桥公司签订工程施工合同的意思表示有事实基础,现磨思公司并未提交涉案当事人在签订合同时存在恶意串通的直接证据,仅凭路桥公司与磨思公司之间的人员任职交叉情形,不能证实双方存在串标行为,更不能据此认定招投标行为无效以及《总承包协议》《补充协议》为无效合同。最后,因为每段高速公路的地理状况不同,即便是同期、相邻地理位置的高速公路造价也没有可比性,不能仅依据造价的差异推定案涉工程存在损害国家利益的情形。综上,一审认定《总承包协议》和《补充协议》合法有效并无不当,法院予以维持。

5 哪些建设项目可以邀请招标?

答:所谓邀请招标,是指招标人以投标邀请书的方式邀请特定的法人或者其他组织投标。邀请招标又称选择性招标或有限竞争性招标。对于哪些建设项目适合邀请招标形式,可分为两种情况来识别,对于非必须招标的项目,是否招标以及采取公开招标抑或邀请招标,由发包人自己决定。对于强制招标项目而言以公开招标为原则,以邀请招标为例外,在建设项目符合法律规定的特定情形下,经相关部门审核、批准或认定,可以采用邀请招标方式进行招标。

《招标投标法》第十一条规定:"国务院发展计划部门确定的国家重点项目和省、自治区、直辖市人民政府确定的地方重点项目不适宜公开招标的,经国务院发展计划部门或者省、自治区、直辖市人民政府批准，可以进行邀请招标。”

《招标投标法实施条例》第八条规定：“国有资金占控股或者主导地位的依法必须进行招标的项目，应当公开招标；但有下列情形之一的，可以邀请招标：（一）技术复杂、有特殊要求或者受自然环境限制，只有少量潜在投标人可供选择；（二）采用公开招标方式的费用占项目合同金额的比例过大。有前款第二项所列情形，属于本条例第七条规定的项目，由项目审批、核准部门在审批、核准项目时作出认定；其他项目由招标人申请有关行政监督部门作出认定。”

《工程建设项目施工招标投标办法》第十一条第一款规定：“依法必须进行公开招标的项目，有下列情形之一的，可以邀请招标：（一）项目技术复杂或有特殊要求，或者受自然地域环境限制，只有少量潜在投标人可供选择；（二）涉及国家安全、国家秘密或者抢险救灾，适宜招标但不宜公开招标；（三）采用公开招标方式的费用占项目合同金额的比例过大。”

除此之外，各省、自治区、直辖市及相关部门分别出台了《招标投标法》相关办法及规范管理邀请招标工作实施细则等相关规定，进一步明确适用邀请招标的条件及程序。

根据上述规定，可以邀请招标的建设项目可以归纳为以下几类：

1. 技术复杂、有特殊要求或者受自然环境限制，只有少量潜在投标人可供选择的项目；

2. 采用公开招标方式的费用占项目合同金额的比例过大的项目；

3. 涉及国家安全、国家秘密或者抢险救灾，适宜招标但不宜公开招标的施工项目；

4. 各省、自治区、直辖市以及相关部门在法律授权范围规定的可以采取邀请招标方式的项目。

【案例】遂宁市金发建筑有限责任公司与四川铭峰实业发展有限责任公司建设工程施工合同纠纷案[(2019)川民申4578号]

裁判要旨：依法应当公开招标的项目未经批准、核准，径行采用邀请招标方式的，违反法定程序。

【法院裁判】四川省高级人民法院认为，关于案涉工程是否必须公开招标问题，《招标投标法》第三条规定，在中华人民共和国境内的大型基础设施、公用事业等关系社会公共利益、公众安全的项目施工，必须进行招标。《工程建设项目招标范围和规模标准规定》第三条①进一步明确了商品住宅，包括经济适用住房属于关系社会公共利益、公众安全的公用事业项目的范围。该案案涉工程系商品住宅项目，属于关系社会公共利益、公众安全的建设项目，依据上述法律规定，必须进行招标，故案涉工程是否进行了招投标直接影响双方所签订的施工合同的效力。根据《招标投标法》第十一条"国务院发展计划部门确定的国家重点项目和省、自治区、直辖市人民政府确定的地方重点项目不适宜公开招标的，经国务院发展计划部门或者省、自治区、直辖市人民政府批准，可以进行邀请招标"的规定，涉案工程不属于可以进行邀请招标的范畴，故该工程应当进行公开招标，由于案涉工程未履行公开招标程序，遂宁市金发建筑有限责任公司申请再审称案涉工程系邀请招标且招投标行为有效的理由不能成立。

6 采用邀请招标方式招标需要履行什么程序？

答：采用邀请招标方式招标，首先要分析判断建设项目能不能采取邀请招标的方式招标，如果经分析判断可以采用邀请招标的方式招标，就需要按照法

① 原《工程建设项目招标范围和规模标准规定》已被《国务院关于〈必须招标的工程项目规定〉的批复》废止，现行规定为《必须招标的工程项目规定》(国家发展和改革委员会令第16号)第四条："不属于本规定第二条、第三条规定情形的大型基础设施、公用事业等关系社会公共利益、公众安全的项目，必须招标的具体范围由国务院发展改革部门会同国务院有关部门按照确有必要、严格限定的原则制订，报国务院批准。"

律法规的规定办理核准、批准和认定手续。

《招标投标法》第十一条规定:“国务院发展计划部门确定的国家重点项目和省、自治区、直辖市人民政府确定的地方重点项目不适宜公开招标的,经国务院发展计划部门或者省、自治区、直辖市人民政府批准,可以进行邀请招标。”

《招标投标法实施条例》第七条规定:“按照国家有关规定需要履行项目审批、核准手续的依法必须进行招标的项目,其招标范围、招标方式、招标组织形式应当报项目审批、核准部门审批、核准。项目审批、核准部门应当及时将审批、核准确定的招标范围、招标方式、招标组织形式通报有关行政监督部门。”

《招标投标法实施条例》第八条规定:“国有资金占控股或者主导地位的依法必须进行招标的项目,应当公开招标;但有下列情形之一的,可以邀请招标:(一)技术复杂、有特殊要求或者受自然环境限制,只有少量潜在投标人可供选择;(二)采用公开招标方式的费用占项目合同金额的比例过大。有前款第二项所列情形,属于本条例第七条规定的项目,由项目审批、核准部门在审批、核准项目时作出认定;其他项目由招标人申请有关行政监督部门作出认定。”

由此可见:(1)国家发展计划部门确定的国家重点项目和省、自治区、直辖市人民政府确定的重点项目不适宜公开招标而采取邀请招标的,应报经国务院发展计划部门或者省、自治区、直辖市人民政府批准。

(2)采用公开招标方式的费用占项目合同金额的比例过大,又属于《招标投标法实施条例》第七条规定的项目,是否属于“采用公开招标方式的费用占项目合同金额的比例过大”报项目审批、核准部门审批、核准时作出认定。

(3)其他项目由招标人申请有关行政监督部门作出认定。

【案例】云南黄金矿业集团股份有限公司与利安顾问(中国)有限公司建设工程设计合同纠纷案[(2017)云民终197号]

裁判要旨:不属于国有资金控股或占主导地位的依法必须招标项目,招标人可自主决定采用邀请招标方式。

【法院裁判】云南省高级人民法院认为,云南黄金矿业集团股份有限公司

（以下简称云金集团）主张其为国有资金占控股或主导地位的企业，涉案项目应当公开招标，邀请招标违反法律规定，应属无效。法院认为，该案项目招标发生于2012年10月至2013年1月，云金集团二审提交的公司章程记载，在2013年11月以前，云金集团国有股东持股比例为36.6%，非国有股东持股比例为63.4%，故云金集团不属于国有资金占控股或者主导地位的公司，涉案项目也不属于国有资金占控股或者主导地位的项目，采用邀请招标的形式没有违反法律、行政法规的强制性规定，云金集团与利安顾问（中国）有限公司之间的建设工程设计合同合法有效，一审法院对此认定正确，云金集团的上诉理由不成立。

7 违反邀请招标程序对建设工程合同有何影响？

答：对于符合邀请招标的建设项目，招标人须依法办理审核、批准、认定手续，若招标人不办理上述手续，径行邀请招标，实际上构成虚假招标，据此所签订的施工合同及其他建设合同无效。

【案例】广厦建设集团有限责任公司与浙江嘉业建设发展有限公司建设工程合同纠纷、招标投标买卖合同纠纷案［（2012）浙民终字第28号］

裁判要旨：符合邀请招标的项目，招标人不依法向有关行政监督部门报告，所签订的建设合同无效。

【法院裁判】法院认为，该案施工合同补充协议、建设工程施工合同均应认定无效。理由如下：该案施工合同补充协议并不是通过规范的邀请招标的方式签订，而是通过协商的方式签订。《招标投标法》第十条第三款规定：邀请招标，是指招标人以投标邀请书的方式邀请特定的法人或者其他组织投标。第十二条第三款规定：依法必须进行招标的项目，招标人自行办理招标事宜的，应当向有关行政监督部门备案。第二十八条第二款规定：在招标文件要求提交投标文件的截止时间后送达的投标文件,招标人应当拒收。第三十四条规定:开标应当在招标文件确定的提交投标文件截止时间的同一时间公开进行;开标地点应当为招标文件中预先确定的地点。该案第一次招投标,浙江嘉业建设发展有限公司(以下简称嘉业建设)自行办理邀请招标,未向有关行政监督部门备案。从双方当事人提供的与第一次招投标有关的招标文件、投标文件、中标通知书、施工合同补充协议等证据看,嘉业建设要求投标人在2007年9月13日17点前送达标书,广厦建设集团有限责任公司(以下简称广厦有限)等7个施工企业均按时送达了投标文件,但是嘉业建设未按时开标,而是在2007年9月18日开标,并接收广厦有限等4个施工企业在开标当日出具的报价表、承诺书,并依据广厦有限于2007年9月18日出具的总价下浮率为24%的报价表,于同年9月19日通知广厦有限中标,然后嘉业建设与广厦有限绍兴分公司于2007年10月25日签订施工合同补充协议。广厦有限主张第一次招投标双方当事人还签订了建设工程施工合同,但未提供证据加以证明,且嘉业建设予以否认,该主张不能成立。

8 强制招标而未招标的,会承担哪些法律后果?

答:《招标投标法》规定了强制招标建设项目范围,对于范围内的建设项目,未进行招标应承担的法律后果,笔者归纳总结出以下几种。

一、合同无效的民事法律后果

《最高人民法院关于审理建设工程施工合同纠纷案件适用法律问题的解释(一)》第一条规定:“建设工程施工合同具有下列情形之一的,应当依据《民法典》第一百五十三条第一款的规定,认定无效:(一)承包人未取得建筑业企业资质或者超越资质等级的;(二)没有资质的实际施工人借用有资质的建筑施工企业名义的;(三)建设工程必须进行招标而未招标或者中标无效的。承包人因转包、违法分包建设工程与他人签订的建设工程施工合同,应当依据《民法典》第一百五十三条第一款及第七百九十一条第二款、第三款的规定,认定无效。”

由此可见，应招标而未招标属于违反《招标投标法》强制性效力性规定的情形，根据《民法典》第一百五十三条第一款的规定，应认定施工合同无效。需要强调指出的是，虽然《最高人民法院关于审理建设工程施工合同纠纷案件适用法律问题的解释(一)》只规定当事人签订的施工合同无效，但当事人之间签订的勘探、设计、监理、工程总承包等合同，也违反了《招标投标法》强制性效力性规定，根据《民法典》第一百五十三条之规定也应认定无效。

二、责令改正、罚款、暂停项目执行等行政处罚后果

《招标投标法》第四十九条规定："违反本法规定，必须进行招标的项目而不招标的，将必须进行招标的项目化整为零或者以其他任何方式规避招标的，责令限期改正，可以处项目合同金额千分之五以上千分之十以下的罚款；对全部或者部分使用国有资金的项目，可以暂停项目执行或者暂停资金拨付；对单位直接负责的主管人员和其他直接责任人员依法给予处分。"

《房屋建筑和市政基础设施工程施工招标投标管理办法》第五十条规定："应当招标未招标的，应当公开招标未公开招标的，县级以上地方人民政府建设行政主管部门应当责令改正，拒不改正的，不得颁发施工许可证。"

由此可见，应强制招标而未招标承担的行政责任后果为以下几种：

1. 责令改正；

2. 处合同金额千分之五以上千分之十以下罚款；

3. 对全部或者部分使用国有资金的项目，可以暂停项目执行或者暂停资金拨付；

4. 责令改正，拒不改正的，拿不到施工许可证。

三、行政处分的法律后果

应招标而未招标的，单位直接负责的主管人员和其他直接责任人员将承担行政处分。

【案例】湖北楚雄建筑工程有限公司襄阳分公司与旺前集团襄阳东湖国际酒店有限公司等建设工程施工合同纠纷案[(2019)最高法民申343号]

裁判要旨：议标不是法律规定的招标方式，依法必须招标的项目不得采用议标方式采购。

【法院裁判】最高人民法院认为，涉案施工合同约定的建设工程包括酒店、公务楼、球馆、会展中心及16栋别墅等附属工程，建筑面积约100000平方米，属于大型城市旅游基础设施，工程的发包必须进行招标。根据《最高人民法院关于审理建设工程施工合同纠纷案件适用法律问题的解释》第一条第(三)项之规定，"建设工程施工合同具有下列情形之一的，应当根据合同法第五十二条第(五)项的规定，认定无效：(三)建设工程必须进行招标而未招标或者中标无效的"，[①]涉案合同应认定无效。湖北楚雄建筑工程有限公司襄阳分公司作为专业建筑公司，对上述建设工程必须进行招投标应当是明知的，却与旺前集团襄阳东湖国际酒店有限公司在没有进行招投标的情况下通过议标签订建设工程施工合同，故一、二审判决认定双方对于合同的无效均有责任并无不当。

9 应当公开招标而径行邀请招标的，应承担何种法律后果？

答：首先，合同效力不会受到影响，当事人签订的合同仍然有效。

应当公开招标而未经行政机关的批准、审核或认定径行邀请招标的，该行为违反法定招标程序，但未违反法律法规强制性效力性规定，不构成应招标而

① 原《最高人民法院关于审理建设工程施工合同纠纷案件适用法律问题的解释》已被《最高人民法院关于废止部分司法解释及相关规范性文件的决定》(法释〔2020〕16号)废止，现行规定为《最高人民法院关于审理建设工程施工合同纠纷案件适用法律问题的解释(一)》(法释〔2020〕25号)第一条："建设工程施工合同具有下列情形之一的，应当依据民法典第一百五十三条第一款的规定，认定无效：(一)承包人未取得建筑业企业资质或者超越资质等级的；(二)没有资质的实际施工人借用有资质的建筑施工企业名义的；(三)建设工程必须进行招标而未招标或者中标无效的。承包人因转包、违法分包建设工程与他人签订的建设工程施工合同，应当依据民法典第一百五十三条第一款及第七百九十一条第二款、第三款的规定，认定无效。"

未招标的情形,也不构成中标无效的情形。因此,主流观点认为合同有效。

其次,应承担行政责任,包括责令改正、罚款和给予处分。《招标投标法实施条例》第六十四条规定:“招标人有下列情形之一的,由有关行政监督部门责令改正,可以处10万元以下的罚款:(一)依法应当公开招标而采用邀请招标;(二)招标文件、资格预审文件的发售、澄清、修改的时限,或者确定的提交资格预审申请文件、投标文件的时限不符合招标投标法和本条例规定;(三)接受未通过资格预审的单位或者个人参加投标;(四)接受应当拒收的投标文件。招标人有前款第一项、第三项、第四项所列行为之一的,对单位直接负责的主管人员和其他直接责任人员依法给予处分。”

采用邀请的方式招标,必须具备两个要件:第一,符合邀请招标的条件,即符合《招标投标法实施条例》第八条规定的邀请招标的条件。第二,必须按照《招标投标法》及《招标投标法实施条例》规定办理行政机关核准、审核或认定手续。不符合上述两个条件即径行招标,实际上是排斥了未被邀请的其他潜在投标人的投标,限制了投标人的竞争性,降低了招标项目的公开性,属于违法行为。

【案例】山西省灵石正和实业有限公司、北京正和晴阳投资有限公司与安徽省涡阳县人民政府、安徽省蒙城县人民政府、安徽省利辛县人民政府特许经营行政合同纠纷案[(2019)皖行终522号]

裁判要旨:市政公用事业特许经营项目应依法采取公开招标的方式选择投资者或经营者。

【法院裁判】安徽省高级人民法院认为,案涉垃圾焚烧发电BOT项目应当采取公开招标。《市政公用事业特许经营管理办法》第二条规定:“本办法所称市政公用事业特许经营,是指政府按照有关法律、法规规定,通过市场竞争机制选择市政公用事业投资者或者经营者,明确其在一定期限和范围内经营某项市政公用事业产品或者提供某项服务的制度。城市供水、供气、供热、公共交通、污水处理、垃圾处理等行业,依法实施特许经营的,适用本办法。”根据上述法律规定，案涉垃圾焚烧发电 BOT 项目，显然属于“城市供水、供气、供热、公共交通、污水处理、垃圾处理等行业，依法实施特许经营的”范畴。对于市政公用事业特许经营项目的招标方式问题，《市政公用事业特许经营管理办法》第八条第一项亦明确规定“主管部门应当依照下列程序选择投资者或者经营者：（一）提出市政公用事业特许经营项目，报直辖市、市、县人民政府批准后，向社会公开发布招标条件，受理投标”，故案涉垃圾焚烧发电 BOT 项目应依法采取公开招标的方式选择投资者或者经营者。这也正是该案上诉人之一北京正和晴阳投资有限公司没有经过公开招标，通过招商与涡阳县人民政府达成《城市生活垃圾焚烧发电处理特许经营协议》，被有关部门查处，而被迫终止的根本原因。

10 招标公告或资格预审公告在何处发？

答：《招标投标法》第十六条规定：“招标人采用公开招标方式的，应当发布招标公告。依法必须进行招标的项目的招标公告，应当通过国家指定的报刊、信息网络或者其他媒介发布。招标公告应当载明招标人的名称和地址、招标项目的性质、数量、实施地点和时间以及获取招标文件的办法等事项。”

《招标投标法实施条例》第十五条规定：“公开招标的项目，应当依照招标投标法和本条例的规定发布招标公告、编制招标文件……依法必须进行招标的项目的资格预审公告和招标公告，应当在国务院发展改革部门依法指定的媒介发布。在不同媒介发布的同一招标项目的资格预审公告或者招标公告的内容应当一致。指定媒介发布依法必须进行招标的项目的境内资格预审公告、招标公告，不得收取费用。编制依法必须进行招标的项目的资格预审文件和招标文件，应当使用国务院发展改革部门会同有关行政监督部门制定的标准文本。”

《招标公告和公示信息发布管理办法》第八条规定：“依法必须招标项目的招标公告和公示信息应当在‘中国招标投标公共服务平台’或者项目所在地省级电子招标投标公共服务平台（以下统一简称‘发布媒介’）发布。”据此可知，招标公告和公示信息应当在“中国招标投标公共服务平台”或者项目所在地省级电子招标投标公共服务平台发布。

【案例】广东上地聚生态农业有限公司与中国海洋石油南海西部有限公司信安分公司缔约过失责任纠纷案[(2019)粤08民终2920号]

裁判要旨：招标人终止招标的，应当向投标人退还招标资料费、投标保证金及银行同期存款利息；招标人擅自终止招标的，应承担缔约过失责任。

【法院裁判】湛江市中级人民法院认为，广东上地聚生态农业有限公司(以下简称上地聚公司)以中国海洋石油南海西部有限公司信安分公司(以下简称信安分公司)擅自终止招标、构成缔约过失为由，上诉请求确认信安分公司终止招标的行为违法；并要求信安分公司继续履行招标文件、公示招标结果。因参与投标的另两家公司湛江市橘宏建筑装饰工程有限公司和广东橘子网络科技有限公司存在股东包含重叠，公司董事、监事由股东交叉任职的情况，根据《招标投标法实施条例》第三十四条第二款“单位负责人为同一人或者存在控股、管理关系的不同单位，不得参加同一标段投标或者未划分标段的同一招标项目投标”、第三款“违反前两款规定的，相关投标均无效”的规定，信安分公司终止该次投标，符合法律规定，且信安分公司已经根据《招标投标法实施条例》第三十一条“招标人终止招标的，应当及时发布公告，或者以书面形式通知被邀请的或者已经获取资格预审文件、招标文件的潜在投标人。已经发售资格预审文件、招标文件或者已经收取投标保证金的，招标人应当及时退还所收取的资格预审文件、招标文件的费用，以及所收取的投标保证金及银行同期存款利息”的规定向上地聚公司发出了关于终止《中国海洋石油南海西部有限公司培训中心出租项目招租》的通知，履行了通知义务，并向上地聚公司退还了投标保证金，故上地聚公司请求确认信安分公司作出的关于终止《中国海洋石油南海西部有限公司培训中心出租项目招租》的通知违法，没有法律依据，法院不予支持。至于上地聚公司要求信安分公司继续履行招标文件、公示招标结果的问题，因信安分公司终止招标后已重新组织招标，而上地聚公司并未重新参与投标，故上地聚公司要求信安分公司继续履行招标文件没有依据，法院不予采纳。此外，信安分公司发布的招标公告、招标文件中并未写明信安分公司需要公示招标结果，且上地聚公司的投标行为系属于要约，信安分公司未公示招标结果即未进行承诺，故上地聚公司与信安分公司之间未成立合同关系，信安分公司没有公示招标结果的义务。上地聚公司若认为信安分公司终止招标的行为构成缔约过失，给其造成了损失，可向信安分公司主张赔偿责任，但其并未主张；其在该案中主张信安分公司继续履行2018年9月的中国海洋石油南海西部有限公司培训中心出租项目招标文件，公示招标结果，无事实和法律依据，法院不予支持。

11 商品房住宅建设项目是否属于必须招标的关系社会公共安全、公共利益的项目？

答：商品房住宅建设项目现在已经不属于必须招标的关系公共安全、公共利益的项目。2018年6月1日起施行的《必须招标的工程项目规定》及2018年6月6日起施行的《必须招标的基础设施和公用事业项目范围规定》均将《工程建设项目招标范围和规模标准规定》中规定的“商品住宅”工程剔除出必须招标的工程范围。最高人民法院（2020）最高法民终846号民事判决书认为：“案涉工程涉及的是经济适用房项目，根据2000年5月1日施行的《工程建设项目招标范围和规模标准规定》（2018年6月1日废止）第三条第五项的规定，包括经济适用房在内的商品住宅属于必须进行招标的关系社会公共利益、公众安全的项目，但根据2018年6月1日施行的《必须招标的工程项目规定》及自2018年6月6日施行的《必须招标的基础设施和公用事业项目范围规定》，案涉工程不再属于必须招标的工程项目。”

【案例】中建三局第一建设工程有限责任公司与南宁金胤房地产有限责任公司等建设工程施工合同纠纷案[(2018)最高法民再163号]

裁判要旨：案涉工程项目应当招标但按照案发时法律规定不属于必须招标项目，虽未经招标投标程序而签订合同，但该行为的发生已不绝对地损害国家利益或者社会公共利益的，订立的合同现应认定有效。

【法院裁判】最高人民法院再审认为，关于案涉《建设工程施工合同》的效力问题，根据《招标投标法》第三条及原《工程建设项目招标范围和规模标准规定》第三条第五项[①]的规定，商品住宅属于必须进行招标的关系社会公共利益、公众安全的项目。原判决认定案涉项目不属于必须强制招标的工程项目范围的理由为案涉项目系南宁金胤房地产有限责任公司（以下简称金胤公司）以自有资金建设且采取自主招标方式已获南宁市发改委批复同意。对此，法院认为，因南宁市发改委在关于"龙胤·凤凰城二期"房地产项目核准的批复中明确"由项目法人自主决定项目工程是否招投标以及选择何种招标方式"，且南宁市建设工程招标投标监督管理办公室已对案涉发承包关系进行审核，并在发承包审核通知书备案单位处加盖"南宁市建设工程招标投标监督管理办公室建设工程备案专用章"，这体现了当地行政主管部门对案涉发承包关系的认可，故金胤公司邀请中建三局第一建设工程有限责任公司等公司参与项目投标，系依据行政主管部门的行政批复实施，案涉《建设工程施工合同》未经公开招标投标程序而签订，不可简单归责于金胤公司。同时法院考虑到，2017年2月21日，《国务院办公厅关于促进建筑业持续健康发展的意见》明确提出，"完善招标投标制度。加快修订《工程建设项目招标范围和规模标准规定》，缩小并严格界定必须进行招标的工程建设项目范围，放宽有关规模标准，防止工程建设项目实行招标'一刀切'。在民间投资的房屋建筑工程中，探索由建设单位自主决定发包方

① 原《工程建设项目招标范围和规模标准规定》已被《国务院关于〈必须招标的工程项目规定〉的批复》废止，现行法条无类似规定。

式”。2018 年 3 月 27 日,国家发展和改革委员会关于《必须招标的工程项目规定》第四条规定,不属于该规定第二条、第三条规定情形的关系社会公共利益、公众安全的项目,必须招标的具体范围由国务院发展改革部门会同国务院有关部门按照确有必要、严格限定的原则制定。其后 2018 年 6 月 6 日,国家发展和改革委员会颁布了《必须招标的基础设施和公用事业项目范围规定》,进一步明确了不属于《必须招标的工程项目规定》第二条、第三条规定情形的大型基础设施、公用事业等关系社会公共利益、公众安全的项目,必须招标的具体范围不包括商品住宅。此情形下,案涉《建设工程施工合同》虽未经公开招投标程序而签订,但该行为的发生已不绝对地损害国家利益或者社会公共利益。参照《最高人民法院关于适用〈中华人民共和国合同法〉若干问题的解释(一)》第三条“人民法院确认合同效力时,对合同法实施以前成立的合同,适用当时的法律合同无效而适用合同法合同有效的,则适用合同法”①的规定精神,从保护市场交易的安全稳定和诚实信用原则考虑,案涉《建设工程施工合同》现应认定有效。

12 如何理解“全部或者部分使用国有资金投资或者国家融资的项目”?

答:题述中的“国有资金”是指国家财政性资金(包括预算内资金和预算外资金),纳入财政管理的各种专项建设基金,国家机关、国有事业单位和社会团体的自有资金和接待资金。国家通过对内发行政府债券或向外国政府及国际金融机构举借主权外债所筹集的资金也视为国有资金。

① 原《最高人民法院关于适用〈中华人民共和国合同法〉若干问题的解释(一)》已被《最高人民法院关于废止部分司法解释及相关规范性文件的决定》(法释〔2020〕16 号)废止,现行规定为《最高人民法院关于适用〈中华人民共和国民法典〉时间效力的若干规定》第八条:“民法典施行前成立的合同,适用当时的法律、司法解释的规定合同无效而适用民法典的规定合同有效的,适用民法典的相关规定。”

【案例】贵州天皓旅游开发集团有限公司与赤水市综合行政执法局建设工程合同纠纷案［（2020）黔03民初236号］

裁判要旨：全部或者部分使用国有资金投资或者国家融资的项目属于政府投资项目，必须进行招标。

【法院裁判】根据《招标投标法》第三条第一款第（二）项"在中华人民共和国境内进行下列工程建设项目包括项目的勘察、设计、施工、监理以及与工程建设有关的重要设备、材料等的采购，必须进行招标：（二）全部或者部分使用国有资金投资或者国家融资的项目"的规定，涉案项目属于政府投资项目，必须进行招投标。由于涉案项目没有进行招投标，根据《最高人民法院关于审理建设工程施工合同纠纷案件适用法律问题的解释》第一条第三项"建设工程施工合同具有下列情形之一的，应当根据合同法第五十二条第（五）项的规定，认定无效：（三）建设工程必须进行招标而未招标或者中标无效的"①之规定，双方当事人之间签订的系列合同均为无效合同。赤水市综合行政执法局关于合同无效的抗辩理由，法院予以采信。贵州天皓旅游开发集团有限公司关于合同有效的理由，法院不予采信。

13 如何判断以化整为零的方式规避招标？

答：《招标投标法》第四条规定，"任何单位和个人不得将依法必须进行招标的项目化整为零或者以其他任何方式规避招标"。条文中的"化整为零"是指肢

① 原《最高人民法院关于审理建设工程施工合同纠纷案件适用法律问题的解释》已被《最高人民法院关于废止部分司法解释及相关规范性文件的决定》（法释〔2020〕16号）废止，现行规定为《最高人民法院关于审理建设工程施工合同纠纷案件适用法律问题的解释（一）》（法释〔2020〕25号）第一条："建设工程施工合同具有下列情形之一的，应当依据民法典第一百五十三条第一款的规定，认定无效：（一）承包人未取得建筑业企业资质或者超越资质等级的；（二）没有资质的实际施工人借用有资质的建筑施工企业名义的；（三）建设工程必须进行招标而未招标或者中标无效的。承包人因转包、违法分包建设工程与他人签订的建设工程施工合同，应当依据民法典第一百五十三条第一款及第七百九十一条第二款、第三款的规定，认定无效。"

解工程，将应依法招标的工程项目进行拆分或分解成若干小项目，分段实施，使其达不到规定的必须招标的要求或不按标准要求招标，或者将技术上不可分割的整体人为划分为各个标段，降低每个标段的规模或者将已具备发包、开工条件的同一建设项目人为分割为一期、二期乃至更多期工程或将基础工程和上部工程分割，将个别设备、建材分割采取甲供模式，使单项金额降低到《必须招标的工程项目规定》标准以下，达到形式上符合不招标的标准。例如，2015 年 3 月，李某坤在负责实施水头镇闹村社区复绿项目期间，为了规避招投标伙同他人将总额为 200 多万元的项目拆分肢解为 5 个工程并直接发包，收受好处费。2016 年 10 月 14 日，平阳县纪委给予李某坤开除党籍处分。再如，2018 年 S 市审计局对本市 A 县进行审计时发现，W 农业发展有限公司实施的 A 县 D 镇家庭农场项目，根据 A 县发改局的批复，项目总投资 3500 万元。该项目被分为 30 个单元划分为 10 个标段，在没有取得审批部门招标核准的情况下，由 W 农业发展有限公司越权决定通过邀请招标方式选择施工单位，存在化整为零规避公开招投标的问题。

【案例】万载银湖实业有限公司、万载县人民政府合同纠纷案[（2020）最高法民终 149 号]

裁判要旨：任何单位和个人不得将依法必须进行招标的项目化整为零或者以其他任何方式规避招标。

【法院裁判】关于熊猫公司与万载县政府签订的《项目合同书》是否有效、应否继续履行的问题，一审法院认为，熊猫公司与万载县人民政府签订的《项目合同书》无效。首先，该项目没有依法实施招投标程序。依照《招标投标法》第三条、第四条、第五条的规定，大型基础设施、公用事业等关系社会公共利益、公共安全的项目，全部或者部分使用国有资金投资或者国家融资的项目必须进行招标，任何单位和个人不得将依法必须进行招标的项目化整为零或者以其他任何方式规避招标，招标投标活动应当遵循公开、公平、公正和诚实信用的原则。龙湖公园项目标的达 3.2 亿元，依法应公开实施招投标程序。然而，万载县人民政府在发布招商公告前，事先与熊猫公司商洽，设置限制性条款和排他性条件，使其他企业难以报名，此举违反了前述法律的规定。其次，熊猫公司获取项目后将工程转包他人施工，违反了《建筑法》第二十八条、第二十九条。《建筑法》第二十八条、第二十九条规定，禁止承包单位将其承包的全部建筑工程转包给他人，禁止承包单位将其承包的全部建筑工程肢解以后以分包的名义分别转包给他人，禁止总承包单位将工程分包给不具备相应资质条件的单位。熊猫公司没有建设工程资质，获取工程项目后又将工程分包给部分无资质的施工企业施工，违反了前述法律的规定。最后，万载县人民政府以土地拍卖溢价分成的方式作为投资商投资回报违反了国家政策规定。根据《国务院办公厅关于规范国有土地使用权出让收支管理的通知》（国办发〔2006〕100号）精神以及财政部、原国土资源部（已撤销）、中国人民银行联合下发的《国有土地使用权出让收支管理办法》的规定，国有土地使用权出让收入是政府以出让等方式配置国有土地使用权取得的全部土地价款，土地出让收支全额纳入地方政府基金预算管理，收入全部缴入地方国库，支出一律通过地方政府基金预算从土地出让收入中予以安排。任何地区、部门和单位不得以招商引资等名义减免土地出让收入，或以土地换项目等形式变相减免土地出让收入。该案中，土地拍卖溢价超出部分按70%向乙方支付的约定内容与上述规范性文件精神相抵触。该案万载县人民政府与熊猫公司签订的《项目合同书》，因违反上述法律、法规的强制性规定，应确认为无效合同。银湖公司请求万载县人民政府继续按约定兑现已挂牌出让的46.85亩项目工程回购款及土地溢价分成款、继续履行257.58亩招拍挂义务并兑现项目回购款12176.9648万元和延迟支付利息以及土地溢价款29029.266万元和迟延支付利息因法律上不能履行，对该项主张，一审法院不予支持。

14 强制招标项目具备哪些条件方可组织招标？

答：对于必须审批、核准的项目，在组织招标前应办理项目审批、核准手续，项目资金已经落实，招标方案已经核准。具备这些条件才能组织招标。对于不需要审批、核准的项目，招标方案不需要核准，招标人可以自主确定招标范围、招标方式、招标组织形式，可以自主组织招标。《招标投标法》第九条规定：“招标项目按照国家有关规定需要履行项目审批手续的，应当先履行审批手续，取得批准。招标人应当有进行招标项目的相应资金或者资金来源已经落实，并应当在招标文件中如实载明。”《招标投标法实施条例》第七条规定：“按照国家有关规定需要履行项目审批、核准手续的依法必须进行招标的项目，其招标范围、招标方式、招标组织形式应当报项目审批、核准部门审批、核准。项目审批、核准部门应当及时将审批、核准确定的招标范围、招标方式、招标组织形式通报有关行政监督部门。”

【案例】倪某某、新昌县东茗乡人民政府其他行政管理纠纷案［（2019）浙0624行初138号］

裁判要旨：对于强招项目，建设单位组织招标时必须具备以下前提条件：(1)已办理审批、核准手续；(2)项目资金已经落实；(3)招标范围、招标方式，招标组织形式已经审批、核准。若不具备上述条件而招标构成违法行为。

【法院裁判】原告倪某某诉称的滥开滥采，实际是指原告认为被告新昌县东茗乡人民政府在未经依法审批的情况下，以签订施工承包合同的形式，委托中路公司施工开挖林地，导致其承包林地被损毁的行为。根据《招标投标法》第九条第一款的规定，招标项目按照国家有关规定需要履行项目审批手续的，应当先履行审批手续，取得批准。该案中，被告与中路公司签订涉案公路项目施工合同的时间（2018年3月10日）先于《东茗乡泄下至黄潭坑公路（后金山）征地协议》（2018年4月）与浙江省林业厅使用林地审核同意书（2018年5月31日），即被告在应当履行的项目审批手续未取得批准的情况下，进行公开招标，签订施工合同，委托施工，系程序违法。

15 强制招标项目未落实项目资金就进行招标的，招投标行为有效吗？

答：招投标行为不因项目资金未落实而无效。虽然《招标投标法》第九条规定，“招标项目按照国家有关规定需要履行项目审批手续的，应当先履行审批手续，取得批准。招标人应当有进行招标项目的相应资金或者资金来源已经落实，并应当在招标文件中如实载明”，但该法并未规定项目资金未落实进行招投标的法律后果，更未规定招投标行为无效，或中标无效。《招标投标法实施条例》对项目资金未落实而招标的行为也没有规定法律后果。由此可见，强制招标项目即便资金不落实也不导致招投标无效，不导致中标无效，更不导致施工合同无效。《最高人民法院关于审理建设工程施工合同纠纷案件适用法律问题的解释（一）》第一条规定的施工合同无效情形中，只有“建设工程必须进行招标而未招标或者中标无效的”无效情形，该司法解释亦未规定强制招标项目未落实项目资金进行招标的施工合同无效的情形。

虽然项目资金不落实不导致招投标无效、中标无效、施工合同无效，但落实项目资金是招标的先决条件之一、是项目得以完成的保障，否则有可能造成工程因资金不足而无法如期完成，甚至烂尾，或者工程竣工后无力支付工程款而引发诉讼。因此，项目资金或资金来源落实了，方可办理审批、核准手续，才能办理招标事宜。

【案例】呼伦贝尔市联华房地产开发有限责任公司与广厦建设集团有限责任公司建设工程施工合同纠纷案［（2013）民一终字第1号］

裁判要旨：招标项目按照国家有关规定需要履行项目审批手续的，应当先履行审批手续，取得批准。项目资金不落实不导致招投标无效、中标无效、施工合同无效。

【法院裁判】法院认为，《建设工程质量管理条例》第二章“建设单位的质量责任和义务”中第八条规定：“建设单位应当依法对工程建设项目的勘察、设计、施工、监理以及与工程建设有关的重要设备、材料等的采购进行招标。”①该条规定建设单位应当依法通过招标方式确定施工单位,且根据《招标投标法》第三条、《工程建设项目招标范围和规模标准规定》②之规定,案涉建设工程应属强制招标,即法律规定必须通过招标进行,否则建设单位要承担法律责任,而该案中呼伦贝尔市联华房地产开发有限责任公司(以下简称联华公司)并未将案涉工程进行招标。另外,《招标投标法》第九条第一款规定,招标项目按照国家有关规定需要履行项目审批手续的,应当先履行审批手续,取得批准。就该案而言,签订施工合同时间为2005年8月20日,而建设单位联华公司取得建设工程规划许可证的时间为2006年4月24日,即签订合同时联华公司并未完全履行项目审批手续,亦不符合《招标投标法》规定的条件。

16 非强制招标项目招标前签订的施工合同也无效吗?

答:非强制招标项目招标前签订的施工合同无效。

对于强制招标项目而言,招标人在招标前签订的施工合同无效,已无任何争议,但对于非强制招标项目,招标人在招标前与投标人签订的施工合同是否也无效,目前观点不一,一种观点认为,对于非强制招标项目,是否招标由当事人自主选择,招标人可以选择招标,也可以选择直接发包,既然可以自由选择,招标人自然有权选择在标前签订施工合同,标前签订的施工合同并不违反《招标投标法》和《招标投标法实施条例》的强制性规定,施工合同有效。另一种观

---

① 《建设工程质量管理条例》被《国务院关于修改部分行政法规的决定》2017年、2019年两次修改,现行规定为《建设工程质量管理条例》(2019修正)(国务院令第714号)第八条:“建设单位应当依法对工程建设项目的勘察、设计、施工、监理以及与工程建设有关的重要设备、材料等的采购进行招标。”

② 原《工程建设项目招标范围和规模标准规定》已被《国务院关于〈必须招标的工程项目规定〉的批复》废止,现行规定为《必须招标的工程项目规定》(国家发展和改革委员会令第16号)第五条:“本规定第二条至第四条规定范围内的项目,其勘察、设计、施工、监理以及与工程建设有关的重要设备、材料等的采购达到下列标准之一的,必须招标:(一)施工单项合同估算价在400万元人民币以上;(二)重要设备、材料等货物的采购,单项合同估算价在200万元人民币以上;(三)勘察、设计、监理等服务的采购,单项合同估算价在100万元人民币以上。同一项目中可以合并进行的勘察、设计、施工、监理以及与工程建设有关的重要设备、材料等的采购,合同估算价合计达到前款规定标准的,必须招标。”

点认为，对于是否招标招标人有选择的权利，但一旦选择了招标方式发包，就得遵守《招标投标法》及《招标投标法实施条例》的规定，因此违反《招标投标法》规定，在标前签订施工合同一样无效。笔者同意第二种观点，《招标投标法》第四十三条规制的对象虽然是强制招标项目，但非强制招标项目只要招标人选择了招标，就得为其选择负责，其选择招标方式发包就意味着其愿意遵守《招标投标法》及《招标投标法实施条例》的限制。否则对于其他投标人就没有公开、公平、公正可言，损害了其他投标人的利益，扰乱了招标投标秩序。因此非强制招标项目标前签订的施工合同与强制招标项目标前签订施工合同一样无效，一样应给予否定性评价。

【案例】漳州市哲祥房地产开发有限公司与福建省温泉建设工程有限公司、陈某某建设工程施工合同纠纷案［(2018)最高法民再459号］

裁判要旨：虽然双方当事人补充协议约定总价款为4414.4607万元的合同仅作为备案用，不作为工程款结算依据，但《最高人民法院关于审理建设工程施工合同纠纷案件适用法律问题的解释》第二十一条就是规范建筑市场签订“黑白合同”的问题，涉案项目虽并非强制招标项目，但因双方当事人已自愿进行招投标，也应受《招标投标法》的约束，当事人不得在此之外另行签订“黑合同”。该案的两份合同，合同总价款存在实质性不同，依照上述规定，双方结算工程款应以2012年8月1日签订的总价款为4414.4607万元的建设工程施工合同为依据。

【法院裁判】关于陈某某已完成的工程价款应按何种标准计算的问题，各方当事人一致确认，陈某某已完成的工程价款为1368万元，争议的是该价款是否应下浮26.15%。首先，双方签订了两份建设工程施工合同，一份约定总价款为4414.4607万元，一份约定总价款为3260.206万元。漳州市哲祥房地产开发有限公司（以下简称哲祥公司）主张总价款3260.206万元，是因为陈某某答应给予价格上的优惠，下浮26.15%，故总价款才会由4414.4607万元变更为3260.206

万元，相应地，陈某某已完成的工程价款也应下浮26.15%。但哲祥公司主张总价款下浮26.15%，仅是从两份合同约定的总价款推算出来的，并未提供证据予以证明。其次，虽然双方当事人《补充协议》约定总价款为4414.4607万元的合同仅作为备案用，不作为工程款结算依据，但《最高人民法院关于审理建设工程施工合同纠纷案件适用法律问题的解释》第二十一条规定："当事人就同一建设工程另行订立的建设工程施工合同与经过备案的中标合同实质性内容不一致的，应当以备案的中标合同作为结算工程价款的根据。"①该条规定就是规范建筑市场签订"黑白合同"的问题，涉案项目虽并非强制招标项目，但因双方当事人已自愿进行招投标，也应受《招标投标法》的约束，当事人不得在此之外另行签订"黑合同"。该案的两份合同，合同总价款存在实质性不同，依照上述规定，双方结算工程款应以2012年8月1日签订的总价款为4414.4607万元的建设工程施工合同为依据。综上所述，陈某某已实际完成的工程价款应为1368万元，不能再下浮。

17 强制招标的项目都必须招标吗？

答：并非强制招标范围内的所有项目都必须招标。因为法律规定了两类情形下是可以不招标的，这两种情形具体如下：

（一）属于必须招标项目但未达到一定规模标准的建设项目依法可以不招标

《必须招标的工程项目规定》第五条规定："本规定第二条至第四条规定范围内的项目，其勘察、设计、施工、监理以及与工程建设有关的重要设备、材料等的采购达到下列标准之一的，必须招标：（一）施工单项合同估算价在400万元人民币以上；（二）重要设备、材料等货物的采购，单项合同估算价在200万元人

① 原《最高人民法院关于审理建设工程施工合同纠纷案件适用法律问题的解释》已被《最高人民法院关于废止部分司法解释及相关规范性文件的决定》（法释〔2020〕16号）废止，现行法条并无类似规定。

民币以上；（三）勘察、设计、监理等服务的采购，单项合同估算价在100万元人民币以上。同一项目中可以合并进行的勘察、设计、施工、监理以及与工程建设有关的重要设备、材料等的采购，合同估算价合计达到前款规定标准的，必须招标。”由此可见，即使属于强制招标项目但没有达到上述规模标准的建设项目，也可以不招标。

（二）属于依法可以不招标的特殊项目

根据《招标投标法》第六十六条和《招标投标法实施条例》第九条第一款的规定，有9类工程项目可以不进行招标，具体为：（1）涉及国家安全的工程项目；（2）涉及国家秘密的工程项目；（3）涉及抢险救灾的工程项目；（4）属于利用扶贫资金实行以工代赈、需要使用农民工等特殊情况，不适宜进行招标的项目；（5）需要采用不可替代的专利或者专有技术；（6）采购人依法能够自行建设、生产或者提供；（7）已通过招标方式选定的特许经营项目投资人依法能够自行建设、生产或者提供；（8）需要向原中标人采购工程、货物或者服务，否则将影响施工或者功能配套要求；（9）国家规定的其他特殊情形。

综上，并非只要属于强制招标范围内的项目都必须招标，在符合上述两种情形的情况下，是不需要招标的。

【案例】贵州华顺鼎泰建设项目管理有限公司与石阡县坪山仡佬族侗族乡人民政府建设工程施工合同纠纷案［（2019）黔民终188号］

裁判要旨：全部使用国有资金投资的工程建设项目，属于必须招标投标的工程范围，未经招标投标程序订立的合同无效。

【法院裁判】贵州省高级人民法院认为，关于《项目协议书》的性质与效力问题：第一，建设工程合同是承包人进行工程建设，发包人支付价款的合同。合作开发房地产合同是指当事人订立的以提供出让土地使用权、资金等作为共同投资、共享利润、共担风险合作开发房地产为基本内容的协议。双方当事人签订的《项目协议书》约定由贵州华顺鼎泰建设项目管理有限公司（以下简称华顺公司）对工程进行建设，由华顺公司垫资修建市政道路，再由石阡县坪山仡佬族侗族乡人民政府(以下简称坪山乡政府)筹资按照贵州省2004市政工程定额计价支付,且合同签订后案涉工程亦由华顺公司进行施工建设,坪山乡政府也支付了相应工程款,符合建设工程合同的构成要件。合同中双方并未约定共享利润、共担风险等条款,该《项目协议书》名为投资协议,实为建设工程合同。对于华顺公司主张该合同系投资协议的理由,法院不予支持。第二,为保护国家利益和社会公共利益,维护市场秩序,提高经济效益,促进公平竞争,国家对于应当进行招投标的建设或采购项目,实行强制招投标制度,当事人违反有关规定未经招投标而自行订立的合同,人民法院不予认可和保护。该案中,根据双方签订的《项目协议书》中约定的工程内容及规模,该建设工程项目主要为涉及市政道路、集镇市场和农村集中建房等全部使用国有资金投资的项目,属于必须招投标的工程范围。华顺公司与坪山乡政府未经招投标程序即签订了协议书,违反了法律强制性规定中的效力性规定,该涉案协议书应为无效。

18 暂估价项目在哪种情形下必须招标?

答:暂估价项目在以下情形下必须招标:

1. 总承包合同中有暂估价的工程、服务或货物;
2. 属于依法必须招标的项目范围;
3. 达到依法必须招标项目的限额标准。

《招标投标法实施条例》第二十九条规定:"招标人可以依法对工程以及与工程建设有关的货物、服务全部或者部分实行总承包招标。以暂估价形式包括在总承包范围内的工程、货物、服务属于依法必须进行招标的项目范围且达到国家规定规模标准的,应当依法进行招标。前款所称暂估价,是指总承包招标时不能确定价格而由招标人在招标文件中暂时估定的工程、货物、服务的金额。"

【案例】北京兴百建设安装集团有限公司与中集建设集团有限公司建设工程分包合同纠纷案[(2020)京民再8号]

裁判要旨:分包合同在总包合同中有暂估价,还要在依法必须招标的范围内且达到国家规定的规模才属于应当依法招标的工程。

【法院裁判】《招标投标法实施条例》第二十九条第一款规定:"招标人可以依法对工程以及与工程建设有关的货物、服务全部或者部分实行总承包招标。以暂估价形式包括在总承包范围内的工程、货物、服务属于依法必须进行招标的项目范围且达到国家规定规模标准的,应当依法进行招标。"根据该款的规定,分包合同在总包合同中有暂估价,还要在依法必须招标的范围内且达到国家规定的规模才属于应当依法招标的工程。2000年5月1日原国家发展计划委员会发布的《工程建设项目招标范围和规模标准规定》第七条[①]规定,在规定范围内的各类工程建设项目施工单项合同估算价200万元以上的必须进行招标。2001年发布的《房屋建筑和市政基础设施工程施工招标投标管理办法》第三条[②]也规定,房屋建筑和市政基础设施工程的施工单项合同估算价在200万元人民币以上,或者项目总投资在3000万元人民币以上的,必须进行招标。此外,2001年颁布的《北京市工程建设项目招标范围和规模标准规定》(北京市人民政府令第89号)第八条第一款第一项规定,在规定范围内的各类工程建设项目应当达到下列规模标准之一的必须进行招标:施工(含土建施工、设备安装、装饰装修等)单项合同估算价在200万元人民币以上或者建筑面积在2000平

---

① 原《工程建设项目招标范围和规模标准规定》已被《国务院关于〈必须招标的工程项目规定〉的批复》废止,现行规定为《必须招标的工程项目规定》(国家发展和改革委员会令第16号)第五条:"本规定第二条至第四条规定范围内的项目,其勘察、设计、施工、监理以及与工程建设有关的重要设备、材料等的采购达到下列标准之一的,必须招标:(一)施工单项合同估算价在400万元人民币以上;(二)重要设备、材料等货物的采购,单项合同估算价在200万元人民币以上;(三)勘察、设计、监理等服务的采购,单项合同估算价在100万元人民币以上。同一项目中可以合并进行的勘察、设计、施工、监理以及与工程建设有关的重要设备、材料等的采购,合同估算价合计达到前款规定标准的,必须招标。"

② 根据《住房城乡建设部关于修改〈房屋建筑和市政基础设施工程施工招标投标管理办法〉的决定》修改,删去了第三条。《房屋建筑和市政基础设施工程施工招标投标管理办法》已于2019年修正。

方米以上的。[①] 从上述规定可以看出，分包合同在总承包合同中有暂估价，且暂估价在 200 万元以上的工程才属于必须招标的工程。该案涉案工程是分包工程，暂估价为 194.5 万元，不属于必须招投标工程。

19 前期项目建议书、工程可行性研究报告等的编制属于必须招标项目吗？

答：前期项目咨询，如工程可行性研究报告、项目建议书、环评、安评等报告的编制不属于强制招标的范围。《招标投标法》第三条规定："在中华人民共和国境内进行下列工程建设项目包括项目的勘察、设计、施工、监理以及与工程建设有关的重要设备、材料等的采购，必须进行招标……"《招标投标法实施条例》第二条规定："招标投标法第三条所称工程建设项目，是指工程以及与工程建设有关的货物、服务。前款所称工程，是指建设工程，包括建筑物和构筑物的新建、改建、扩建及其相关的装修、拆除、修缮等；所称与工程建设有关的货物，是指构成工程不可分割的组成部分，且为实现工程基本功能所必需的设备、材料等；所称与工程建设有关的服务，是指为完成工程所需的勘察、设计、监理等服务。"

根据上述规定，目前只有勘察、设计、监理三项与工程建设相关的服务必须强制招标，而项目管理、工程科研报告编制、项目建议书编制、项目评估、法律服务等尚未列入强制招标范畴内。

---

① 原《北京市工程建设项目招标范围和规模标准规定》已被《北京市人民政府关于废止〈北京市征收防洪工程建设维护管理费暂行规定〉等 5 项规章的决定》废止，现行规定为《必须招标的工程项目规定》（国家发展和改革委员会令第 16 号）第五条："本规定第二条至第四条规定范围内的项目，其勘察、设计、施工、监理以及与工程建设有关的重要设备、材料等的采购达到下列标准之一的，必须招标：（一）施工单项合同估算价在 400 万元人民币以上；（二）重要设备、材料等货物的采购，单项合同估算价在 200 万元人民币以上；（三）勘察、设计、监理等服务的采购，单项合同估算价在 100 万元人民币以上。同一项目中可以合并进行的勘察、设计、施工、监理以及与工程建设有关的重要设备、材料等的采购，合同估算价合计达到前款规定标准的，必须招标。"

【案例】张某、李某某装饰装修合同纠纷案[(2023)新27民终8号]

裁判要旨:目前只有勘察、设计、监理三项与工程建设相关的服务必须强制招标,而项目管理、工程科研报告编制、项目建议书编制、项目评估、法律服务等尚未列入强制招标范畴内。

【法院裁判】该案的争议焦点为:张某要求李某某支付装修款265000元及利息有无事实及法律依据。关于张某、李某某之间签订的房屋装修合同效力的认定,张某、李某某之间系装饰装修合同纠纷,《建设工程质量管理条例》第二条第二款规定:"本条例所称建设工程,是指土木工程、建筑工程、线路管道和设备安装工程及装修工程。"《招标投标法实施条例》第二条第二款规定:"前款所称工程,是指建设工程,包括建筑物和构筑物的新建、改建、扩建及其相关的装修、拆除、修缮等……"《建筑法》第二十六条第一款规定:"承包建筑工程的单位应当持有依法取得的资质证书,并在其资质等级许可的业务范围内承揽工程。"按照上述规定从事装修装饰必须持有与其从事的建筑活动相适应的资质。《最高人民法院关于审理建设工程施工合同纠纷案件适用法律问题的解释》第一条第一项规定,建设工程施工合同具有下列情形之一的,应当根据《合同法》第五十二条第五项的规定,认定无效:承包人未取得建筑施工企业资质或者超越资质等级的。[①] 该案中张某并未取得从事装修装饰的相关资质,张某、李某某之间房屋装修合同应认定为无效。

---

① 原《最高人民法院关于审理建设工程施工合同纠纷案件适用法律问题的解释》已被《最高人民法院关于废止部分司法解释及相关规范性文件的决定》(法释[2020]16号)废止,现行规定为《最高人民法院关于审理建设工程施工合同纠纷案件适用法律问题的解释(一)》(法释〔2020〕25号)第一条:"建设工程施工合同具有下列情形之一的,应当依据民法典第一百五十三条第一款的规定,认定无效:(一)承包人未取得建筑业企业资质或者超越资质等级的;(二)没有资质的实际施工人借用有资质的建筑施工企业名义的;(三)建设工程必须进行招标而未招标或者中标无效的。承包人因转包、违法分包建设工程与他人签订的建设工程施工合同,应当依据民法典第一百五十三条第一款及第七百九十一条第二款、第三款的规定,认定无效。"

20 如何界定"以不合理的条件限制、排斥潜在投标人或者投标人"?

答:《招标投标法》第十八条第二款规定:"招标人不得以不合理的条件限制或者排斥潜在投标人,不得对潜在投标人实行歧视待遇。"题述中的"以不合理的条件限制、排斥潜在投标人或者投标人"根据《招标投标法实施条例》第三十二条第二款的规定是以下情形:

1. 就同一招标项目向潜在投标人或者投标人提供有差别的项目信息;

2. 设定的资格、技术、商务条件与招标项目的具体特点和实际需要不相适应或者与合同履行无关;

3. 依法必须进行招标的项目以特定行政区域或者特定行业的业绩、奖项作为加分条件或者中标条件;

4. 对潜在投标人或者投标人采取不同的资格审查或者评标标准;

5. 限定或者指定特定的专利、商标、品牌、原产地或者供应商;

6. 依法必须进行招标的项目非法限定潜在投标人或者投标人的所有制形式或者组织形式;

7. 以其他不合理条件限制、排斥潜在投标人或者投标人。

【案例】舟山海峡大桥发展有限公司与舟山市××船舶有限公司招标投标纠纷案[(2008)浙民二终字第193号]

裁判要旨:不具有与招标项目相应的经营范围,不构成中标无效的理由。招标人可以制定潜在投标人应当具备的资格条件以及对投标人的资格审查标准。

【法院裁判】浙江省高级人民法院认为,首先,根据《最高人民法院关于适用〈中华人民共和国合同法〉若干问题的解释(一)》①的相关规定,除违反国家限

① 此解释已被《最高人民法院关于废止部分司法解释及相关规范性文件的决定》(法释〔2020〕16号)废止。

制经营、特许经营以及法律法规禁止经营规定的以外，当事人超越经营范围订立合同，并不导致合同无效。舟山通洲船务有限公司（以下简称通洲公司）虽然不具有船舶修造的经营范围，但在当前情况下，造船业并不属于国家特许经营、限制经营或法律法规禁止经营的情形；舟山海峡大桥发展有限公司（以下简称海峡大桥）在招标文件中也只是载明，招标项目（船厂）的经营范围是船舶修造，而对投标人本身的经营范围并未提出特别的限制条件。因此，通洲公司不具有船舶修造的经营范围，不构成其对船厂整体租赁权中标无效的理由。其次，我国《招标投标法》第十八条第一款规定："招标人可以根据招标项目本身的要求，在招标公告或者投标邀请书中，要求潜在投标人提供有关资质证明文件和业绩情况，并对潜在投标人进行资格审查；国家对投标人的资格条件有规定的，依照其规定。"①正如前文所述，造船业不属于国家特许经营、限制经营或法律法规禁止经营的情形，对于类似该案船厂整体租赁权的招投标，国家对投标人的资格条件并不存在特别的规定，故该案招标项目的潜在投标人应当具备的资格条件以及对投标人的资格审查标准，属于招标人海峡大桥自行解释与判断的事项，而不属于国家强制干预的范畴。海峡大桥根据实际情况，将通洲公司与他人合作经营修造船舶业务所形成的经营业绩，纳入其招标文件关于"同类规模船厂的经营业绩"范畴，既未违反法律、法规禁止性规定，也未与招标文件产生冲突，应当予以尊重。舟山市××船舶有限公司提出"通洲公司不具备同类规模船厂经营10年以上业绩，不符合招标文件确定的投标人资格条件"的上诉理由缺乏依据，法院不予支持。

21 应该如何理解"采购人依法能够自行建设、生产或者提供"？

答：《招标投标法实施条例》第九条第一款第二项规定的"采购人依法能够自行建设、生产或者提供"是指采购人自身具有承担该项目的资格和能力，能够自行建设该工程，生产该货物或者提供该服务，不包括其母公司、子公司，以及

① 2017年《招标投标法》进行了修正，修正后该条款序号及内容未发生变化。

与其具有管理或利害关系的具有独立民事主体资格的法人。但如果采购人的分支机构、分公司具有承担该项目的资格和能力,则视同“采购人依法能够自行建设、生产或者提供”。比如,甲公司有建设项目,但甲公司的子公司有建筑资质、有能力建设该项目,不能视为甲公司能够自行建设,仍然应该招标,但如果甲公司的分公司丙公司有相应的建筑资质和能力,则视为甲公司自身有建设能力,不需要招标。

【案例】贵州发展建设工程有限公司、兴义市威舍镇人民政府建设工程施工合同纠纷案[(2018)黔民终1060号]

裁判要旨:采购人依法能够自行建设、生产或者提供,可以不进行招标。

【法院裁判】争议焦点一:关于该案所涉《“BT”合同书》《(BT模式)协议书》是否有效问题。贵州发展建设工程有限公司(以下简称发展公司)上诉认为,由于法律法规对BT项目是否招投标未作规定,且该案情形符合《招标投标法实施条例》第九条第一款第三项“除招标投标法第六十六条规定的可以不进行招标的特殊情况外,有下列情形之一的,可以不进行招标:(三)已通过招标方式选定的特许经营项目投资人依法能够自行建设、生产或者提供”规定的情形,属于可以不经招投标程序的工程,一审以涉案工程未经招投标程序即认定合同无效适用法律错误。法院认为,涉案项目无论从资金来源、项目性质还是建设规模而言均属于应当进行招投标的项目,既然法律、行政法规对BT项目是否履行招投标程序没有作出特别规定,则BT项目仍应适用招投标一般规定,即该案所涉BT项目属于应当履行招投标程序的项目。至于发展公司提出的该案BT项目应适用《招标投标法实施条例》第九条第一款第三项“除招标投标法第六十六条规定的可以不进行招标的特殊情况外,有下列情形之一的,可以不进行招标:(三)已通过招标方式选定的特许经营项目投资人依法能够自行建设、生产或者提供”规定认定有效问题,法院认为,该条规定要求的是已通过招投标方式选定且是特许经营投资人,该案情形均不符合。虽然双方在2013年完善了招投标程序,但此时涉案项目已竣工验收,双方履行的招投标程序必然违反了《招标投标法》第四十三条关于在确定中标人前,招标人不得与投标人就投标价格、投标方案等实质性内容进行谈判的效力性强制性规定,故不能以此认定双方之间存在合法的招投标程序,即使《"BT"合同书》是在招投标之后签订,也应认定无效。因此,发展公司关于合同应当认定有效的上诉理由不成立,法院不予采纳。一审判决关于《"BT"合同书》《(BT模式)协议书》无效的认定,事实清楚,适用法律正确,法院予以维持。

22 政府投资的工程总承包项目招标需要具备什么条件?

答:一般政府投资的项目在采用工程总承包的方式发包时,应在完成初步设计审批后进行招标发包。《政府投资条例》第十一条第一款第三项规定:"投资主管部门或者其他有关部门应当根据国民经济和社会发展规划、相关领域专项规划、产业政策等,从下列方面对政府投资项目进行审查,作出是否批准的决定:(三)初步设计及其提出的投资概算是否符合可行性研究报告批复以及国家有关标准和规范的要求。"由于上位法明确规定政府投资项目应当完成初步设计审批,采用工程总承包项目发包的政府投资项目自然也应受该法规制,应当在完成初步设计审批后招标发包。

对于简化审批项目采用工程总承包方式发包时,至少应在可行性研究报告审批后招标发包。这是因为无论是政府投资项目还是企业投资的工程总承包项目均有明确项目基本条件的实质要求,而可行性研究报告阶段的目的在于明确工程项目的建设范围、建设标准、功能要求等项目基本条件,未完成可行性研究则实质上无法达到《房屋建筑和市政基础设施项目工程总承包管理办法》第六条第二款规定的建设内容明确、技术方案成熟的要求;发、承包之间对于合同目的是无法明确的,更谈何合同履行。

另外,如果未完成可行性研究报告,则项目基本条件不明确,双方当事人也无法预见合同履行过程中将面临的履约风险,更无法做到合理分配风险,导致合同履行过程中产生各项争议。

【案例】重庆建工集团股份有限公司与中铁十九局集团有限公司建设工程合同纠纷案[(2012)民提字第205号]

裁判要旨:法律规定审计机关对政府投资和以政府投资为主的建设项目的预算执行情况和决算进行审计监督,目的在于维护国家财政经济秩序,提高财政资金使用效益,防止建设项目中出现违规行为。

【法院裁判】关于重庆建工集团股份有限公司(以下简称重庆建工集团)主张案涉工程属于法定审计范围,因此必须按照国家审计机关的审计结果进行结算的问题,法院认为,根据《审计法》的规定及其立法宗旨,法律规定审计机关对政府投资和以政府投资为主的建设项目的预算执行情况和决算进行审计监督,目的在于维护国家财政经济秩序,提高财政资金使用效益,防止建设项目中出现违规行为。重庆建工集团与中铁十九局集团有限公司之间关于案涉工程款的结算,属于平等民事主体之间的民事法律关系。因此,该案诉争工程款的结算,与法律规定的国家审计的主体、范围、效力等,属于不同性质的法律关系问题,即无论案涉工程是否依法须经国家审计机关审计,均不能认为国家审计机关的审计结论,可以成为确定该案双方当事人之间结算的当然依据,故对重庆建工集团的上述主张,法院不予采信,对案涉工程的结算依据问题,应当按照双方当事人的约定与履行等情况确定。

23 “在建工程追加的附属小型工程或者主体加层工程,原中标人仍具备承包能力的”可以不进行招标,对此应如何理解?

答:《工程建设项目施工招标投标办法》第十二条第五项规定:“依法必须进行施工招标的工程建设项目有下列情形之一的,可以不进行施工招标:(五)在建工程追加的附属小型工程或者主体加层工程,原中标人仍具备承包能力,并且其他人承担将影响施工或者功能配套要求。”对该条中的“附属小型工程”的理解应注意把握以下几点:(1)该小型工程必须是主体工程的附属工程,其与主体之间密不可分,不具有独立性;(2)该小型工程必须是在建工程的附属工程,如果主体已经完工则另当别论;(3)该小型工程必须是在建工程设计内容本身没有包含的内容,而不是设计变更才追加的工程。

因此,已包括在原主体工程建设项目审批范围内,只是主体工程招标完成后,在施工过程中又追加的但不在原设计图纸范围内的,为项目主体提供辅助或配套服务的相关小型工程即为上述规定中所称的“在建工程追加的附属小型工程”。至于“附属小型工程”的规模,目前没有明确的量化标准,需要根据不同的项目核定。

【案例】茂名市电白区慢××防治中心、广东电白建设集团有限公司建设工程合同纠纷案[(2019)粤民申8931号]

裁判要旨:已包括在原主体工程建设项目审批范围内,只是主体工程招标完成后,在施工过程中又追加的但不在原设计图纸范围内的,为项目主体提供辅助或配套服务的相关小型工程即为上述规定中所称的“在建工程追加的附属小型工程”。

【法院裁判】法院经审查认为,根据茂名市电白区慢××防治中心(以下简称电白防治中心)申请再审的理由分析,该案争议的焦点在于电白防治中心是否拖欠了广东电白建设集团有限公司(以下简称电白建设公司)建设工程款904714.16元。

《最高人民法院关于审理建设工程施工合同纠纷案件适用法律问题的解释》第二十一条规定,“当事人就同一建设工程另行订立的建设工程施工合同与经过备案的中标合同实质性内容不一致的,应当以备案的中标合同作为结算工程价款的根据”,[①]该条款规定的“实质性内容不一致”主要指的是工程计价标准、工程质量标准等主要条款内容差距较大。在建设工程施工过程中,当事人

① 被《最高人民法院关于废止部分司法解释及相关规范性文件的决定》(法释〔2020〕16号)废止,现无类似规定。

以补充协议等形式约定的正常的工程量增减、设计变更等，一般不认定为“实质性内容不一致”。因此工程量的增减，并不必然违反法律的强制性规定。双方在签订的《建设工程施工合同》中约定了涉案工程按实际工程量来结算价款，因此最后结算价与合同价不一致并不违反合同的约定及当事人的真实意思表示，且增加的工程量均经过了双方的现场签证确认，由此可见，增加的工程量是有客观事实基础的。电白建设公司实际施工的工程项目为电白防治中心的门诊楼扩建项目，在建设过程中没有增加其他主体工程的建设，《工程建设项目施工招标投标办法》第十二条第五项规定，“依法必须进行施工招标的工程建设项目有下列情形之一的，可以不进行施工招标：（五）在建工程追加的附属小型工程或者主体加层工程，原中标人仍具备承包能力，并且其他人承担将影响施工或者功能配套要求”，因此，对在建工程追加的附属小型工程或者主体加层工程，法律、法规并没有关于重新招投标的强制性规定，在一定条件下也可以不进行施工招标，而直接由原中标人进行施工。综上，二审法院认定《建设工程施工合同》以及配套的工程造价审定书、工程结算书、《关于综合门诊楼工程款协议书》合法有效，于法有据，并无不当。

24 招标文件违反法律强制性规定的应该如何处理？

答：招标文件违反法律规定的，对于非强制招标项目可以修改招标文件重新招标，也可以终止招标活动采用其他方式发包。对于强制招标项目应该修改招标文件或资格预审文件后重新招标。《招标投标法实施条例》第二十三条规定：“招标人编制的资格预审文件、招标文件的内容违反法律、行政法规的强制性规定，违反公开、公平、公正和诚实信用原则，影响资格预审结果或者潜在投标人投标的，依法必须进行招标的项目的招标人应当在修改资格预审文件或者招标文件后重新招标。”

【案例】北京金隅天坛家具股份有限公司与深圳市中正招标有限公司、深圳江铜营销有限公司缔约过失责任纠纷案[(2014)粤高法民二申字第449号]

裁判要旨:修改招标文件实质性内容可能影响投标人编制投标文件的,应提前15日书面通知潜在投标人;时间不足15日的,应当顺延投标截止时间;招标人在发出修改招标文件补充通知时,无须向投标人解释修改招标文件的原因。

【法院裁判】广东省高级人民法院经审查认为,该案系缔约过失责任纠纷。北京金隅天坛家具股份有限公司(以下简称金隅公司)主张深圳江铜营销有限公司(以下简称江铜公司)修改招标文件违反诚实信用原则并违反招投标有关法律规定。经查,《招标投标法》第二十三条规定,招标人对已发出的招标文件有权进行必要的澄清或者修改,但应在招标文件要求提交投标文件截止时间至少15日前,以书面形式通知所有招标文件收受人。《招标投标法实施条例》第二十一条规定,招标人可以对已发出的资格预审文件或者招标文件进行必要的澄清或者修改。澄清或者修改的内容可能影响资格预审申请文件或者投标文件编制的,招标人应当在提交资格预审申请文件截止时间至少3日前,或者投标截止时间至少15日前,以书面形式通知所有获取资格预审文件或者招标文件的潜在投标人;不足3日或者15日的,招标人应当顺延提交资格预审申请文件或者投标文件的截止时间。该案深圳市中正招标有限公司(以下简称中正公司)接受江铜公司委托在原定开标日,即2012年11月20日开标前通知金隅公司将开标时间延期至2012年12月11日,并且在原定开标日后第2日书面通知投标人对招标文件内容作出调整,符合上述法律和法规规定,并无不当。

尽管中正公司、江铜公司在发出修改招标文件补充通知的当日未向金隅公司解释修改招标文件的原因,但中正公司、江铜公司在收到金隅公司书面异议后,已在第3日作出书面答复,告知修改招标文件是因为长江家具公司在2012年11月16日就招标文件中评审因素表要求和评分标准提出书面质疑而做了澄清和修改,中正公司、江铜公司的行为亦符合《招标投标法实施条例》第二十二条招标人应当自收到投标人对招标文件异议之日起3日内作出答复的规定。

中正公司、江铜公司解释未在招标过程中告知投标人具体的修改原因是根据招投标行业的惯例,不宜将投标人的情况及质疑情况告知其他投标人,这也符合《招标投标法》第二十二条第一款"招标人不得向他人透露已获取招标文件的潜在投标人的名称、数量以及可能影响公平竞争的有关招标投标的其他情况"的规定。而且修改的内容主要是针对原招标文件中家具样品的评分标准和技术说明,并不足以证明修改后的招标文件存在江铜公司故意设定不同评标标准以限制、排斥投标人的情形,也没有证据证明江铜公司与长江家具公司存在串通投标的情形。因此,二审法院驳回金隅公司的诉讼请求,并无不当。

25 招标文件应当包括的内容有哪些?

答:《招标投标法》第十九条规定:"招标人应当根据招标项目的特点和需要编制招标文件。招标文件应当包括招标项目的技术要求、对投标人资格审查的标准、投标报价要求和评标标准等所有实质性要求和条件以及拟签订合同的主要条款。国家对招标项目的技术、标准有规定的,招标人应当按照其规定在招标文件中提出相应要求。招标项目需要划分标段、确定工期的,招标人应当合理划分标段、确定工期,并在招标文件中载明。"招标文件应当包括以下内容:(1)招标项目的技术要求;(2)对投标人资格审查的标准;(3)投标报价要求;(4)评标标准;(5)拟定合同的主要条款;(6)按国家的技术、标准规定提出相应要求;(7)表明划分的标段、工期(如需)。

【案例】安徽省芜湖市人民政府与中铁上海工程局集团有限公司行政纠纷案[(2017)最高法行申442号]

裁判要旨:招标投标活动中允许设置的保证金仅限于投标保证金、履约保证金、工程质量保证金、农民工工资保证金四项,设置其他类型的保证金欠缺法律依据。

【法院裁判】最高人民法院认为,该案没有证据证明不予退还诚信保证金在法律、法规、规章层面存在依据。再审申请人在向法院申请再审中提及的49号通知第一条亦规定:“一、全面清理各类保证金。对建筑业企业在工程建设中需缴纳的保证金,除依法依规设立的投标保证金、履约保证金、工程质量保证金,农民工工资保证金外,其他保证金一律取消。对取消的保证金,自本通知印发之日起,一律停止收取。”对于取消的保证金,该通知第三条要求各地要抓紧制定具体可行的办法,于2016年年底前退还相关企业。诚信保证金欠缺法定依据,显然未处于被取消之列。就该案而言,二审法院已判决撤销再审申请人于2013年12月3日作出的不予返还再审被申请人600万元投标诚信保证金的行为。在二审判决生效之后,再审申请人应当采取积极举措,以49号通知为指导,切实履行二审判决确定的义务。

26 招标文件缺失评标标准的,应该如何处理?

答:按照《招标投标法》第十九条的规定,“评标标准”是招标文件应当包括的实质性内容,是招标文件不可或缺的关键内容,缺乏该内容既意味着缺乏公正评审依据,也意味着缺乏招标人选择交易对象的衡量标准,因此,招标文件缺失“评标标准”若在投标截止前发现,应修改招标文件,以澄清、答疑的形式通知所有获取资格预审文件或招标文件的潜在投标人;若在投标截止日后发现,则只能终止招标活动,修改招标文件重新招标。《招标投标法实施条例》第二十一条规定:“招标人可以对已发出的资格预审文件或者招标文件进行必要的澄清或者修改。澄清或者修改的内容可能影响资格预审申请文件或者投标文件编制的,招标人应当在提交资格预审申请文件截止时间至少3日前,或者投标截止时间至少15日前,以书面形式通知所有获取资格预审文件或者招标文件的潜在投标人;不足3日或者15日的,招标人应当顺延提交资格预审申请文件或者投标文件的截止时间。”

【案例】开县大发沙厂与重庆德泉电力股份有限公司招标投标买卖合同纠纷案
[(2020)渝02民终3007号]

裁判要旨:在招标投标法律关系中,依我国现行法有关规定,招标公告性质属要约邀请,投标属要约,而中标通知书才属承诺。要约邀请是希望他人向自己发出要约的意思表示,其本身不是意思表示,而是事实行为,要约邀请并无任何法律意义,不发生法律上的效果。

【法院裁判】该案系双方当事人在招标投标合同缔约过程中所引发的民事纠纷。招标投标其程序分为招标、投标、开标、评标、定标的不同阶段,在开县大发沙厂(以下简称大发沙厂)投标后,重庆德泉电力股份有限公司(以下简称德泉公司)于开标当日才书面通知投标人延期开标,导致后续的开标、评标、定标均未能如期进行,主观上具有过错,其行为违反了订立合同之前的先合同义务,根据《合同法》第四十二条[①]的规定,应承担缔约过失责任。缔约过失的责任形式仅限于赔偿信赖利益的损失,并不包括违约责任中所规定的继续履行方式,因此大发沙厂要求德泉公司继续履行开标义务,缺乏法律依据,其此项上诉请求不能成立。因德泉公司未按照招标公告上载明的时间、地点开标,基于以上理由,大发沙厂有权要求德泉公司就其因信赖公告内容所付出的标书费、招标代理服务费、交通差旅费等费用承担赔偿责任,并对上述费用的支出事实承担举证责任。该案中,大发沙厂提供了购买招标文件的文本费500元的收据,一审法院已作认定。对于其他损失费用部分,大发沙厂未能提供确实、充分的证据,应承担举证不能的不利后果,但是,一审法院考虑到大发沙厂在参与招、投标过程中所必需支出的实际情况,酌情认定其损失为5000元,也并无不当。

至于大发沙厂为竞标所投入的人力、物力和管理成本等支出,该费用为大发沙厂参与竞标必须具备的条件,不属于在缔约过程中信赖利益损失的责

① 《民法典》自2021年1月1日起施行,《合同法》同时废止。现该内容规定于《民法典》第五百条:"当事人在订立合同过程中有下列情形之一,造成对方损失的,应当承担赔偿责任:(一)假借订立合同,恶意进行磋商;(二)故意隐瞒与订立合同有关的重要事实或者提供虚假情况;(三)有其他违背诚信原则的行为。"

任范围，故原审对其提出的要求德泉公司承担上述费用的诉讼请求不予支持正确。

27 招标文件中可以规定建筑主材的生产厂家或品牌吗?

答：招标文件中不能规定建筑主材的生产厂家和品牌，否则构成违法。《招标投标法》第二十条规定："招标文件不得要求或者标明特定的生产供应者以及含有倾向或者排斥潜在投标人的其他内容。"

《招标投标法实施条例》第三十二条第二款第五项进一步规定："招标人有下列行为之一的，属于以不合理条件限制、排斥潜在投标人或者投标人：(五)限定或者指定特定的专利、商标、品牌、原产地或者供应商。"根据上述规定，施工招标或工程总承包建设项目招标若建筑主材由承包人提供的情况下，招标文件中规定了建筑主材的生产厂家或品牌，属于《招标投标法》及《招标投标法实施条例》中禁止的行为，该行为违反了法律法规强制性规定，属于违法行为。

【案例】盛隆电气集团电力工程有限公司与广东合创工程总承包有限公司、广东合生泓景房地产有限公司建设工程合同纠纷案[(2019)粤0605民初19111号]

裁判要旨：施工招标或工程总承包建设项目招标若建筑主材由承包人提供的情况下，招标文件中规定了建筑主材的生产厂家或品牌，属于《招标投标法》及《招标投标法实施条例》中禁止的行为，该行为违反了法律法规强制性规定，属于违法行为。

【法院裁判】广东合创工程总承包有限公司在招标文件中指定原材料的生产厂和供应商，在建筑图纸中超出招标文件要求指明唯一品牌型号，该行为违反《建筑法》第二十五条、第二十六条、第五十七条，《工程建设项目施工招标投标办法》第二十六条,《招标投标法》第二十条,《招标投标法实施条例》第三十二条以及《合同法》第五十二条的规定,涉诉合同为无效合同。

28 发现招标文件中规定投标保证金为招标项目估算价的5%,该如何处理?

答:投标人可以在投标时提出异议或者投诉,招标人在投标截止日前可以修改招标文件规定投标金额。

投标保证金,是指投标人按照招标文件的要求向招标人出具的,以一定金额表示的、约束自己履行投标义务的一种担保。其实质是避免因投标人在投标有效期内随意撤销投标、中标后无正当理由不与招标人签订合同等行为给招标人造成损失。其目的是维护招标投标关系、保证招标投标活动顺利进行。

《招标投标法实施条例》第二十六条第一款规定:"招标人在招标文件中要求投标人提交投标保证金的,投标保证金不得超过招标项目估算价的2%。投标保证金有效期应当与投标有效期一致。"投标保证金最多不得超过项目估算价的2%,而招标文件规定的投标保证金为项目估算价的5%,明显超过《招标投标法实施条例》规定2%的限额。对此,投标人在投标时可以提出异议,要求招标人修改投标金额。招标人在投标截止日前应该修改招标文件中规定的投标保证金金额,若投标已经截止,则须终止招标活动,修改招标文件,重新招标。

【案例】安徽省海陆通建设有限公司、蒙城县住房和城乡建设局合同纠纷案[(2020)皖民申4885号]

裁判要旨:招标文件要求投标人提交投标保证金的,投标保证金不得超过采购项目预算金额的2%。

【法院裁判】关于二审法院判决不予退还安徽省海陆通建设有限公司(以下简称海陆通公司)2000万元投标保证金适用法律是否正确,海陆通公司申请再审称案涉项目投标保证金金额设置超过法定限额,二审判决仅依据《政府采购法》,而排除其他法律法规适用并作出裁判,系适用法律错误。根据已经查明的案件事实,案涉项目名称为蒙城县市政设施和标准化厂房及周转房建设 PPP 项目,在 2017 年 6 月发布的招标文件第二章投标人须知的投标人须知前附表,其中 3.4.1 条款关于投标保证金载明:投标保证金的金额为 2000 万元。海陆通公司参与投标,于 2017 年 7 月 18 日向合肥资源交易中心的账户内汇入投标保证金 2000 万元,并于投标截止时间前提交了投标文件。海陆通公司在参与投标的过程中并未对保证金金额设置提出异议,并已发出投标人声明、承诺函及其积极缴纳保证金的行为,表明了对投标文件中全部条款内容的认可,现其主张案涉项目投标保证金金额设置超过法定限额依据的是《工程建设项目施工招标投标办法》第三十七条第二款有关投标保证金一般不得超过项目估算价的 2%,但最高不得超过 80 万元人民币之规定。经核实,该办法系由原国家计委、原建设部、原铁道部、原交通部、原信息产业部、水利部、原中国民用航空总局七部委联合发布,自 2003 年 5 月 1 日起施行,效力层级属于部门规章。而该案招标文件中 1.1.4 条款关于法律体系的约定为“本项目适用《政府采购法》体系之公开招标”。2015 年 3 月 1 日起施行的《政府采购法实施条例》第七条第一款规定,政府采购工程以及与工程建设有关的货物、服务,采用招标方式采购的,适用《招标投标法》及其实施条例;采用其他方式采购的,适用《政府采购法》及本条例。其中第三十三条第一款规定,招标文件要求投标人提交投标保证金的,投标保证金不得超过采购项目预算金额的 2%。该条例中并未有对投标保证金最高额的限制,此与 2012 年 2 月 1 日起施行的《招标投标法实施条例》第二十六条中关于招标人在招标文件中要求投标人提交投标保证金的,投标保证金不得超过招标项目估算价的 2% 的规定相一致。该案中,依据该项目的投资估算 227179.76 万元计算,投标人提交 2000 万元保证金并未超过采购项目预算金额的 2%。由于《政府采购法实施条例》《招标投标法实施条例》均属于行政法规,效力层级上高于部门规章《工程建设项目施工招标投标办法》,本身不存在法律适用上的冲突,且该两实施条例制定在后,亦属于新的法规,应当优先适用。故二审法院在上述两实施条例已有明确规定的情况下,排除参照《工程建设项目施工招标投标办法》相关规定,继而认定该案中关于 2000 万元投标保证金的约定不违反法律和行政法规的强制性规定，有合同和法律依据，并无不当。

29 A 招标人在其施工招标过程中，要求投标人按其招标项目的估算价的 2%缴纳投标保证金，但按 2%交下来明显超过 80 万元，请问，A 招标人的要求合法吗？

答：A 招标人的要求不合法，因为投标保证在满足《招标投标法实施条例》第二十六条规定的不超过项目估算价的 2%的情况下，还必须同时满足《工程建设项目施工招标投标办法》第三十七条投标保证金最高不得超过 80 万元人民币的规定。

有观点认为，《招标投标法实施条例》法律层级高于《工程建设项目施工招标投标办法》等联合部门规章，故数额上仅执行 2%，这种观点是错误的，因为这些联合部门规章并没有违反《招标投标法实施条例》，而是对工程建设项目勘察设计、施工或货物采购招标投标的进一步规定，在法理上与《招标投标法实施条例》一致。按《立法法》的规定，除非地方人大通过的招标投标行政法规与其不一致，且国务院裁决认为需要执行地方行政法规，否则都需要遵从。

综上，投标保证金不能超过项目估算价的 2%，也不能超过 80 万元，勘察招标不能超过 10 万元。

【案例】中核博浪建设集团有限公司、宁波众创国际互联网广场开发有限公司合同纠纷案［（2019）浙 02 民终 5303 号］

裁判要旨：投标保证金虽然未超过项目预算的 2%，但是超过 80 万元的部分应当予以退还。

【法院裁判】一审法院认为，根据《招标投标法实施条例》第二十六条有关“投标保证金不得超过招标项目估算价的 2%”以及 2013 年 3 月修正并于 2013

年5月1日施行的《工程建设项目施工招标投标办法》第三十七条“投标保证金不得超过项目估算价的百分之二，但最高不得超过八十万元人民币”之规定，该案中，中核博浪建设集团有限公司（以下简称博浪公司）以15400万元的报价参与投标，则博浪公司所缴纳的投标保证金100万元并未超过308万元（15400万元×2%）的限额，但超过了前述招标投标办法所规定的投标保证金最高限额80万元的规定，故博浪公司主张宁波众创国际互联网广场开发有限公司（以下简称众创公司）收取的投标保证金100万元超过80万元投标保证金限额，该院予以采信。博浪公司缴纳涉案投标保证金100万元并得以中标后却未按约与众创公司签订涉案工程施工合同，并以众创公司招标未开标不合法等为由要求退还全额投标保证金，显属违约，并依法应承担相应的违约责任，即众创公司有权不予退还相应的投标保证金。结合投标保证金最高不得超过80万元的规定，众创公司有权不予退还博浪公司投标保证金80万元，但应退还博浪公司投标保证金20万元。结合招标文件约定投标保证金无息以及博浪公司于2018年6月20日向众创公司主张退还投标保证金等情况，众创公司应向博浪公司支付相应的资金占用利息（以20万元为基数，自2018年6月20日起按中国人民银行同期同档次贷款利率计算至实际清偿之日止）。

二审法院认为，因自2019年8月20日起，中国人民银行授权全国银行间同业拆借中心于每月公布贷款市场报价利率（LPR），中国人民银行贷款基准利率这一标准已经取消，故法院对一审判决要求众创公司按照中国人民银行同期同档次贷款基准利率计算利息的判项予以变更。

30 哪些情形下招标人应重新招标？

答：所谓重新招标，是指出现应终止招标的情形或出现依法应否决投标的情形后，停止已进行的招投标活动，对同一招标活动重新进行招标的行为。《招标投标法》及《招标投标法实施条例》共规定了7种应当重新招标的情形，分别为：

1.“通过资格预审的申请人少于3个的，应当重新招标。”（《招标投标法实施条例》第十九条第二款）重新招标的方式有：再组织资格预审，或直接采用资格后审。首先要分析申请人少于3个的不同原因，以作出相应改进。

2.“招标人编制的资格预审文件、招标文件的内容违反法律、行政法规的强制性规定，违反公开、公平、公正和诚实信用原则，影响资格预审结果或者潜在投标人投标的，依法必须进行招标的项目的招标人应当在修改资格预审文件或者招标文件后重新招标。”（《招标投标法实施条例》第二十三条）

3.“投标人少于3个的，不得开标；招标人应当重新招标。”（《招标投标法实施条例》第四十四条第二款）投标人人数过少则缺乏竞争性，与招标投标竞争缔约目的相背离，故招标应当重新进行。

4.“国有资金占控股或者主导地位的依法必须进行招标的项目，招标人应当确定排名第一的中标候选人为中标人。排名第一的中标候选人放弃中标、因不可抗力不能履行合同、不按照招标文件要求提交履约保证金，或者被查实存在影响中标结果的违法行为等情形，不符合中标条件的，招标人可以按照评标委员会提出的中标候选人名单排序依次确定其他中标候选人为中标人，也可以重新招标。”（《招标投标法实施条例》第五十五条）

5.“依法必须进行招标的项目的招标投标活动违反招标投标法和本条例的规定，对中标结果造成实质性影响，且不能采取补救措施予以纠正的，招标、投标、中标无效，应当依法重新招标或者评标。”（《招标投标法实施条例》第八十一条）

6.“依法必须进行招标的项目的所有投标被否决的，招标人应当依照本法重新招标。”（《招标投标法》第四十二条第二款）评标委员会经评审，认为所有投标不能够最大限度地满足招标文件中规定的各项综合评价标准和招标文件的实质性要求，可以否决所有投标，依法必须进行招标的项目只能重新招标。

7.“依法必须进行招标的项目违反本法规定，中标无效的，应当依照本法规定的中标条件从其余投标人中重新确定中标人或者依照本法重新进行招标。”（《招标投标法》第六十四条）

【案例】江西省梦远建设有限公司与中山市建设工程招标投标管理办公室行政纠纷案[(2018)粤2071行初586号]

裁判要旨:评标委员会应当审查每一投标文件是否对招标文件提出的所有实质性要求和条件作出响应;未响应招标文件的实质性要求和条件的,评标委员会应当否决该投标。

【法院裁判】中山市第一人民法院认为:(1)关于裕福南路工程评标委员会否决原告江西省梦远建设有限公司对案涉建设工程项目的投标行为是否符合法律法规和招标文件的要求。根据《招标投标法》第十九条"招标人应当根据招标项目的特点和需要编制招标文件。招标文件应当包括招标项目的技术要求、对投标人资格审查的标准、投标报价要求和评标标准等所有实质性要求和条件"以及第三十七条"评标由招标人依法组建的评标委员会负责"的规定可知,评标是由依法组建的评标委员会根据法律法规以及招标文件的要求进行的,招标文件是项目招标投标活动的主要依据,对招标方和投标方均具有法律约束力。因此,案涉建设工程项目的招投标活动均应按裕福南路工程招标文件的规定进行。《评标委员会和评标方法暂行规定》第二十三条规定:"评标委员会应当审查每一投标文件是否对招标文件提出的所有实质性要求和条件作出响应。未能在实质上响应的投标,应当予以否决。"该案中,原告的投标文件基本资料承诺书中关于施工工期的承诺为"施工工期:计划工期:300个日历天",与招标文件的承诺书需要承诺一个明确的工期多了"计划工期"四个字,评标委员会成员一致认为"计划工期"是可变的,并非明确工期,属于对招标文件的要求没有明确响应。按照招标文件第52页响应性评审标准承诺书内容未响应招标文件要求,评标委员会认定原告的承诺书不满足招标文件要求,因此,对原告的投标予以否决的处理符合法律法规及招标文件的规定。原告认为其投标文件的项目完全响应招标文件要求的主张,与该案查明事实相悖,法院不予支持。

(2)关于原告的投标文件基本资料承诺书中对施工工期的承诺是否属于"实质性未响应招标文件要求和条件"的问题,根据《招标投标法》第二十七条第一款关于"投标人应当按照招标文件的要求编制投标文件。投标文件应当对招标文件提出的实质性要求和条件作出响应”、《招标投标法实施条例》第五十一条第六项关于“有下列情形之一的，评标委员会应当否决其投标：（六）投标文件没有对招标文件的实质性要求和条件作出响应”及《评标委员会和评标方法暂行规定》第二十五条第一款第七项和第二款关于“下列情况属于重大偏差：（七）不符合招标文件中规定的其他实质性要求。投标文件有上述情形之一的，为未能对招标文件作出实质性响应，并按本规定第二十三条规定作否决投标处理”的规定，投标人编制的投标文件应对招标文件的实质要求和条件作出响应，即投标文件应当符合招标文件中明确规定的实质内容，若投标文件被认定为重大偏差的属未对招标文件作出实质性响应，应作否决投标处理。该案中，原告承诺履行期限即施工工期为“计划工期”，与招标文件基本资料承诺书中对施工工期要求明确清晰的回应不同，评标委员会成员一致认为，原告的承诺书中施工工期表述为“计划工期：300 个日历天”属于对于招标文件的要求没有明确响应。按照招标文件第 52 页响应性评审标准承诺书内容未响应招标文件要求，因此，评标委员会否决原告投标文件符合法律法规和招标文件的规定。

31 终止招标时招标人应履行哪些义务？

答：根据《招标投标法实施条例》第三十一条的规定，终止招标后，招标人应履行以下义务：

1. 在发布招标公告阶段终止招标的，应当发布终止招标公告。由于公告阶段面向不特定潜在投标人，因此必须以公告方式告知所有潜在投标人。

2. 向潜在投标人发出了投标邀请书后终止招标的，应当以书面方式通知受邀请的潜在投标人。

3. 发布资格预审文件或招标文件后终止招标的，招标人应当及时以书面形式通知已经获取资格预审文件、招标文件的潜在投标人，并退还投标人购买资格预审文件、招标文件的费用。

4. 已经递交了投标保证金后，终止招标的，招标人应及时退还投标保证金及银行同期存款利息。需要说明的是，所谓及时应当是在作出终止招标的决定的同时通知有关投标人办理有关退还手续，以减少投标人损失。银行同期存款利息是指以现金、支票等方式提交的投标保证金本身产生的孳息，以银行保函、专业担保公司担保保证方式提交的投标保证金并不产生孳息，不存在同时返还银行同期存款利息的问题。

需要说明的是，终止招标不同于暂停招标或者中止招标，暂停招标或中止招标的法律后果也不同于终止招标，不存在返还投标保证金一说。

【案例】余某、金湖县某房地产开发有限公司等合同纠纷案［（2022）苏0831民初2987号］

裁判要旨：招标人终止招标的，应当及时发布公告，或者以书面形式通知被邀请的或者已经获得资格预审文件、招标文件的潜在投标人。已经发售资格预审文件、招标文件或者已经收取投标保证金的，招标人应当及时退还所收取的资格预审文件、招标文件的费用，以及所收取的投标保证金及银行同期存款利息。

【法院裁判】法院认为，《招标投标法实施条例》第三十一条规定："招标人终止招标的，应当及时发布公告，或者以书面形式通知被邀请的或者已经获取资格预审文件、招标文件的潜在投标人。已经发售资格预审文件、招标文件或者已经收取投标保证金的，招标人应当及时退还所收取的资格预审文件、招标文件的费用，以及所收取的投标保证金及银行同期存款利息。"该案中，某盱眙分公司未将工程发包给某1公司，也未及时退还某1公司所缴纳的工程保证金及议标费，某盱眙分公司应当承担资金占用期间的利息损失，但原告提供的证据不足以证明某盱眙分公司应当从2017年2月1日起支付利息。根据上述法律规定，结合原告向孙某主张案涉款项返还的时间，法院酌定某盱眙分公司从2020年9月4日起向原告支付利息。某盱眙分公司作为某公司的分公司，不具有法人资格，在某盱眙分公司的独立财产不足以承担责任的情况下，某公司应承担补充责任。两被告经法院传票传唤无正当理由未到庭参加诉讼，应当承担由此可能产生的不利后果。

32 第一中标候选人出现哪些情形时，招标人应依次选择其他中标候选人或重新招标？

答：按照《招标投标法实施条例》第五十五条的规定，国有资金占控股或国有资金占主导地位的项目，招标人应当确定排名第一的中标候选人为中标人，但当中标人出现特定情形时，招标人可以依次选择其他中标候选人为中标人或重新招标，而题述中的特定情形如下：

1. 排名第一的中标候选人被确定中标后放弃中标。放弃中标的表现形式既包括明确表示不接受合同，拒绝签订中标合同，也可以表现为在签订中标合同时向招标人提出附加条件，包括借故要求修改合同的标的内容、价格、质量标准、工期等中标合同实质性内容，无论采取何种形式，放弃中标都需明确表示，而不能适用默示推定。

2. 排名第一的中标候选人因不可抗力不能履行合同。条例中规定的不可抗力是指不能预见、不能避免且不能克服的客观情况，包括自然灾害和社会突发事件，如地震、海啸、瘟疫、火灾、水灾、暴动、战争等。

3. 排名第一的中标候选人没有提交履约保证金，包括没有提交、或提交的数额、形式或担保条件不符合招标文件要求。

4. 排名第一的中标候选人被查实存在影响中标结果的违法行为。这种违法行为包括弄虚作假、串通投标、行贿或者招标文件载明的属于实质性要求和条件的其他违法行为。这些违法行为必须查证属实，且必须发生在本次招标中。

排名第一的中标候选人出现上述情形的，招标人应当依次选择其他中标候选人或重新招标，需要说明的是，招标人可以选择其他中标候选人为中标人，也可选择重新招标，而非必须选择排名第二的中标候选人为中标人。

【案例】江油市沉水水库工程建设管理所、山东润泰水利工程有限公司建设工程施工合同纠纷案［（2021）川07民终3963号］

裁判要旨：排名第一的中标候选人放弃中标、因不可抗力不能履行合同、不按照招标文件要求提交履约保证金，或者被查实存在影响中标结果的违法行为等情形，不符合中标条件的，招标人可以按照评标委员会提出的中标候选人名单排序依次确定其他中标候选人为中标人，也可以重新招标。

【法院裁判】一审法院认为，山东润泰水利工程有限公司(以下简称润泰公司)在工程中标后无正当理由不与江油市沉水水库工程建设管理所(以下简称沉水水库管理所)签订工程施工合同，投标保证人已依约向沉水水库管理所支付了担保金，现沉水水库管理所以润泰公司违约造成其与第二中标候选人签订合同，中标总价较润泰公司的增加了1428681元，要求润泰公司赔偿扣除保证金后余下的损失628681元，主张能否成立，争议的焦点为该损失是否必然发生？

沉水水库管理所在润泰公司放弃中标后，能否重新进行招标？根据《招标投标法实施条例》第五十五条“排名第一的中标候选人放弃中标、因不可抗力不能履行合同、不按照招标文件要求提交履约保证金，或者被查实存在影响中标结果的违法行为等情形，不符合中标条件的，招标人可以按照评标委员会提出的中标候选人名单排序依次确定其他中标候选人为中标人，也可以重新招标”的规定，沉水水库管理所有权选择重新招标。而且，该案也不属于沉水水库管理所招标文件规定的不再重新招标的情形。

综上，一审法院认为，在润泰公司放弃中标时，该案沉水水库管理所主张的损失并非必然发生，故其在自愿选择与第二中标候选人签订合同的情形下，主张润泰公司赔偿两个候选人投标总价之间的差额，不具合理性，一审法院不予支持。判决驳回沉水水库管理所的诉讼请求。

33 400万元以下建设工程类招标人是否可以直接发包，或者按财政采购的有关法律规定，采用竞争性谈判和竞争性磋商等方式发包？

答：国家发展改革委员会令第16号规定：400万元以上的建设工程项目必须公开招标，但对400万元以下的工程项目如何发包，没有规定。

根据我国《国家发展改革委办公厅关于进一步做好〈必须招标的工程项目规定〉和〈必须招标的基础设施和公用事业项目范围规定〉实施工作的通知》（发改办法规〔2020〕770号）规定，《必须招标的工程项目规定》（国家发展改革委员会令第16号）第二条至第四条及《必须招标的基础设施和公用事业项目范围规定》（发改法规规〔2018〕843号）第二条规定范围的项目，其施工、货物、服务采购的单项合同估算价未达到《必须招标的工程项目规定》第五条规定规模标准的，该单项采购由采购人依法自主选择采购方式，任何单位和个人不得违法干涉；其中，涉及政府采购的，按照政府采购法律法规规定执行。

备注："施工单项合同估算价在400万元人民币以上"包括400万元人民币。

（详见本书问题1：如何识别一个项目是否属于必须招标的范围？）

【案例】苍南县交通建设工程有限公司、瑞安市陶山镇人民政府建设工程合同纠纷案［（2019）浙0381民初10394号］

裁判要旨：公路改建工程未经招投标，合同无效，但是改建工程标的额未超过《必须招标的工程项目规定》第五条第一款第一项规定的400万元，不属于必须招标投标的工程范畴。

【法院裁判】法院认为，原告与瑞安市碧山镇康庄工程建设指挥部就瑞安市碧山镇街路至前村通村公路工程签订的施工合同，因被告已确认瑞安市碧山镇康庄工程建设指挥部系其内设机构，故该合同系原告与被告订立，系双方真实的意思表示，不存在无效的情形，合同有效。被告主张改建工程补充协议因未经招标投标而无效，由于主体工程经过招标投标程序确定由原告施工，不会损害国家利益、社会公共利益，且改建工程标的额未超过《必须招标的工程项目规定》第五条第一款第一项规定的400万元，不属于必须招标投标的工程范畴，补充协议有效。即使补充协议无效，因工程已验收合格，被告应依法支付工程款。

34 工程总承包招标项目（EPC，包括勘察设计、施工和物资材料）应属于哪一类，其限额怎么确定？

答：按现行招投标法律法规，招标项目一般分为服务（勘察、设计、造价咨询、监理、评估等）、施工和物资材料三大类，其招标限额分别为100万元、400万元和200万元。

我国《国家发展改革委办公厅关于进一步做好〈必须招标的工程项目规定〉和〈必须招标的基础设施和公用事业项目范围规定〉实施工作的通知》（发改办法规〔2020〕770号）规定，对于《必须招标的工程项目规定》（国家发展改革委令第16号）第二条至第四条规定范围内的项目，发包人依法对工程以及与工程建设有关的货物、服务全部或者部分实行总承包发包的，总承包中施工、货物、服务等各部分的估算价中，只要有一项达到《必须招标的工程项目规定》第五条规定相应标准，即施工部分估算价达到400万元以上，或者货物部分达到200万元以上，或者服务部分达到100万元以上，则整个总承包发包应当招标。

【案例】青海喜玛拉雅房地产开发有限公司、同仁市住房和城乡建设局委托代建合同纠纷案［（2021）最高法民终348号］

裁判要旨：案涉委托代建合同及委托代建补充协议估算价远超100万元。双方当事人未依法履行招投标程序直接签订委托代建合同及委托代建补充协议，违反了法律、行政法规的强制性规定，合同无效。

【法院裁判】最高人民法院认为，案涉工程系同仁县2011年新建廉租房中央预算内投资项目，依据案涉委托代建合同及委托代建补充协议，经鉴定青海喜玛拉雅房地产开发有限公司完成的委托量为61860827.49元，属于《招标投标法》第三条规定的大型基础设施、公用事业等关系社会公共利益、公众安全的项目，根据上述协议签订时法律法规的规定，因案涉合同未进行招投标，违反了法律和行政法规的强制性规定,《同仁县廉租房委托代建合同》及《同仁县廉租房委托代建补充协议》属于无效合同,一审判决认定合同无效,认定事实清楚,适用法律正确,应予维持。

35 应当招标而不招标的法律后果是什么?

我国《招标投标法》第四十九条规定:“违反本法规定,必须进行招标的项目而不招标的,将必须进行招标的项目化整为零或者以其他任何方式规避招标的,责令限期改正,可以处项目合同金额千分之五以上千分之十以下的罚款;对全部或者部分使用国有资金的项目,可以暂停项目执行或者暂停资金拨付;对单位直接负责的主管人员和其他直接责任人员依法给予处分。”

《招标投标法实施条例》(2019 年修订)第六十三条规定:“招标人有下列限制或者排斥潜在投标人行为之一的,由有关行政监督部门依照招标投标法第五十一条的规定处罚:(一)依法应当公开招标的项目不按照规定在指定媒介发布资格预审公告或者招标公告;(二)在不同媒介发布的同一招标项目的资格预审公告或者招标公告的内容不一致,影响潜在投标人申请资格预审或者投标。依法必须进行招标的项目的招标人不按照规定发布资格预审公告或者招标公告,构成规避招标的,依照招标投标法第四十九条的规定处罚。”

【案例】湖南创元空调有限公司与湖南省招标有限责任公司、山东富尔达空调设备有限公司、湖南省常德市地方税务局不正当竞争纠纷案[(2003)湘高法民三终字第 85 号]

裁判要旨:投标人与招标代理机构串通伪造投标文件,影响中标结果的,中标无效,签订的合同亦无效。虽然招标文件并未要求投标人应当具有建筑资质,但是投标人除应具备招标文件规定的资格条件之外,还应知晓国家对投标人资格条件的有关规定,并具备相应的资格条件。

【法院裁判】湖南省高级人民法院认为，确认招标投标活动中是否存在不正当竞争行为，应当对招标、投标、开标、评标、中标，招标人和中标人订立书面合同以及履行合同的全部过程进行审查。

《建筑法》第二条第二款、第二十六条第一款规定："本法所称建筑活动，是指各类房屋建筑及其附属设施的建造和与其配套的线路、管道、设备的安装活动。""承包建筑工程的单位应当持有依法取得的资质证书，并在其资质等级许可的业务范围内承揽工程。"《招标投标法》第十八条中规定："国家对投标人的资格条件有规定的，依照其规定。"上述法律规定属于强制性法律规范，当事人必须遵守。该案所涉安装服务属于建筑工程中的一种活动，从事该项工程依法必须取得建筑资质。原审法院关于从事涉案安装服务的企业必须取得建筑资质的认定正确，予以维持。虽然招标文件并未要求投标人应当具有建筑资质，但是根据《招标投标法》第二十六条"投标人应当具备承担招标项目的能力；国家有关规定对投标人资格条件或者招标文件对投标人资格条件有规定的，投标人应当具备规定的资格条件"的规定，无论对于招标项目中的主体、关键性工程，还是非主体、非关键性工程，投标人除应具备招标文件规定的资格条件之外，还应知晓国家对投标人资格条件的有关规定，并具备相应的资格条件。该案招标标的是热泵机组采购及安装服务，开标记录显示安装服务是招标项目中的非主体、非关键性工程，系投标人应当履行的主义务之一，而不是设备采购的随附义务。山东富尔达空调设备有限公司（以下简称富尔达公司）作为投标人必须具有完成安装服务所需的建筑资质，但富尔达公司未提供建筑资质证书，其不具有建筑资质。

中标候选人公示后，湖南创元空调有限公司（以下简称创元公司）投诉。为此，常德市招标投标办公室形成的常招办〔2003〕1号文件《关于常德市地税局直属分局综合楼空调招标有关问题会议纪要》（证据5）中认为："富尔达公司将安装业务分包给富源安装公司，并在投标文件中明确。"对陈某平的调查笔录（证据1）证明湖南省招标有限责任公司（以下简称省招标公司）向常德市招标投标办公室提交的富尔达公司的投标文件中有富尔达公司指定安装单位说明，富源安装公司建筑业企业资质证书、企业法人营业执照。但在法院调取的包含富尔达公司投标文件在内的招标投标所有文件中，没有富尔达公司指定安装单位说明，富源安装公司建筑业企业资质证书、企业法人营业执照。富尔达公司在投标文件中明确本次投标的所有设备由其自行安装，中标后其与湖南省常德市地方税务局（以下简称常德市地税局）订立的合同也印证了案涉空调机组是由富尔达公司安装的。在庭审过程中，法院就上述存在矛盾的证据要求省招标公司、富尔达公司进行澄清。省招标公司称没有上述文件，其已提交了案涉招标投标的所有文件。富尔达公司称其没有建筑资质，至于是否将安装服务分包给他人完成与该案无关，上述材料出现于评标结论出来之后，对评标结论没有影响。招标投标活动的有关程序规定决定了投标人的投标文件只能由投标人提供，在常德市招标投标办公室处理投诉时，省招标公司向该办提供的投标人富尔达公司的投标文件中含有未向法院提供的他人建筑资质证明及其他文件，省招标公司、富尔达公司对此矛盾不能予以澄清。因此，应当认定投标人富尔达公司与招标代理机构省招标公司之间存在不正当联系的行为。在该案所涉安装服务要求投标人具备建筑资质，而富尔达公司没有该资质的情况下，富尔达公司与省招标公司在创元公司投诉后，为达到使富尔达公司中标的目的，相互串通伪造富尔达公司投标文件中的指定安装单位说明，富源安装公司建筑业企业资质证书、企业法人营业执照，使常德市招标投标办公室依据伪造的投标文件，认定富尔达公司已将安装服务依法分包给富源安装公司，错误地作出维护中标结果的处理决定。富尔达公司与省招标公司串通伪造富尔达公司投标文件的行为损害了国家利益、社会公共利益，破坏了招标投标活动的公平性，损害了创元公司的合法权益，违反了《反不正当竞争法》第二条第一款“经营者在市场交易中，应当遵循自愿、平等、公平、诚实信用的原则，遵守公认的商业道德”①的规定，构成不正当竞争。上诉人关于富尔达公司与省招标公司相互勾结以骗取常德市招标投标办公室维护中标的行为构成不正当竞争的上诉理由成立，法院依法予以采纳。

---

① 该条文被《中华人民共和国反不正当竞争法（2019 修正）》予以修订，《中华人民共和国反不正当竞争法（2019 修正）》第二条第一款：“经营者在生产经营活动中，应当遵循自愿、平等、公平、诚信的原则，遵守法律和商业道德。”

《反不正当竞争法》第二十条第一款规定:“经营者违反本法规定,给被侵害的经营者造成损害的,应当承担损害赔偿责任,被侵害的经营者的损失难以计算的,赔偿额为侵权人在侵权期间因侵权所获得的利润;并应当承担被侵害的经营者因调查该经营者侵害其合法权益的不正当竞争行为所支付的合理费用。”[①]同时,《招标投标法》第五十条第一款规定,招标代理机构与投标人串通损害国家利益、社会公共利益或者他人合法权益,给他人造成损失的,依法承担赔偿责任。在被侵害的经营者的损失难以计算,侵权行为人没有获得利润或者利润无法查明时,侵权行为人的赔偿责任并不能免除。人民法院可以根据权利人遭受侵害的实际情形公平酌定赔偿额。创元公司主张赔偿其经营利润损失37万元的诉讼请求,证据不足,法院根据侵权行为的性质,酌情确定由富尔达公司和省招标公司共同赔偿创元公司15万元。

关于省招标公司制作的技术参数比较,其数据都来自富尔达公司与创元公司的投标文件。其中,富尔达公司的数据采自其投标文件中的实用工况数据,而创元公司的数据采自其投标文件中的标准工况数据。评标委员会出具的技术参数比较表对富尔达公司、创元公司产品各项指标的技术参数(除制冷剂外)的具体数值或评议都一致,各项指标对应的结论都为合格。在此情形下,常德市地税局要求省招标公司出具有关投标入围产品节能效果比较,省招标公司于评标完成后8日、中标通知书发出之前形成并出具了技术参数比较。根据《招标投标法》第四十条第二款“招标人根据评标委员会提出的书面评标报告和推荐的中标候选人确定中标人”的规定,招标人只能将评标委员会的书面评标报告作为唯一书面依据,在评标委员会推荐的中标候选人中确定中标人。该案省招标公司在评标委员会提出的书面评标结论之外出具该技术参数比较,其行为违反了《招标投标法》第五条“招标投标活动应当遵循公开、公平、公正和诚实信用的原则”的规定,但缺乏充分证据证明省招标公司与常德市地税局在这一行

① 该条文被《中华人民共和国反不正当竞争法(2019修正)》予以修订,《中华人民共和国反不正当竞争法(2019修正)》第十七条:“经营者违反本法规定,给他人造成损害的,应当依法承担民事责任。经营者的合法权益受到不正当竞争行为损害的,可以向人民法院提起诉讼。因不正当竞争行为受到损害的经营者的赔偿数额,按照其因被侵权所受到的实际损失确定;实际损失难以计算的,按照侵权人因侵权所获得的利益确定。经营者恶意实施侵犯商业秘密行为,情节严重的,可以在按照上述方法确定数额的一倍以上五倍以下确定赔偿数额。赔偿数额还应当包括经营者为制止侵权行为所支付的合理开支。”

为中存在串通。技术参数比较数据来自两家公司的投标文件,其没有扩散,也没有对创元公司及其设备造成不利社会评价的影响。因此,省招标公司出具技术参数比较不构成对创元公司商业信誉和商品声誉的侵权,创元公司据此要求省招标公司与富尔达公司赔偿20万元损失的诉讼请求不能得到支持,原审判决对此的认定正确,法院予以维持。

省招标公司与富尔达公司串通伪造富尔达公司投标文件的行为,造成常德市招标投标办公室针对创元公司的投诉作出了错误的判断,并使该案招标活动最终确定了富尔达公司为中标人,其对该案所涉招标项目的中标结果具有实质性影响,故法院认为,因富尔达公司与省招标公司存在串通行为并影响中标结果,且该串通行为系弄虚作假、骗取中标的行为,根据《招标投标法》第五十条、第五十四条第一款之规定,富尔达公司中标无效,富尔达公司与常德市地税局签订的合同当然无效。鉴于该案合同已经履行,合同无效将导致返还财产、折价补偿的法律后果,使国家财产蒙受巨大损失,为维护社会关系的稳定,应维持该合同履行的现状,富尔达空调及机房配套、附属设备由常德市地税局保有,合同约定的价款作为折价款返还给富尔达公司。

关于中标候选人公示程序,《招标投标法》对中标候选人公示这一程序没有作出规定。该案评标委员会书面评标报告推荐两名中标候选人,即富尔达公司为首选,创元公司为候选,但仅公示了富尔达公司,且中标候选人公示在招标人确定中标人之后。中标候选人公示程序存在瑕疵,但该程序并非《招标投标法》所规定的必经程序,对确定中标人不产生实质性影响。关于上诉人所诉评标委员会的组成违法和评标偏离招标文件规定的评标内容和方法由因缺乏充分证据,不能成立。

36 招标文件中哪些内容属于投标文件应当响应的实质性要求或条件?

答:实质性内容和条件,是指招标人按照项目特点和履约需要,在招标文件中载明的要求和条件。

根据《招标投标法》第十九条第一款的规定，招标文件的实质性要求和条件包括招标项目的技术要求、对投标人资格审查的标准、投标报价要求和评标标准等。其中，拟签订合同的主要条款并非招标文件的实质性要求和条件。此外，该条规定要求招标人在招标文件中载明所有实质性要求和条件，如投标有效期、投标保证金等。按照招标采购阶段不同，实质性要求和条件包含：招标投标阶段投标人应当依法履行的义务以及履约阶段中标人依法必须履行的义务。招标文件的实质性要求与条件，一般集中列于评标办法一章的前附表。

我国《招标投标法》第二十七条第一款规定："投标人应当按照招标文件的要求编制投标文件。投标文件应当对招标文件提出的实质性要求和条件作出响应。"第四十一条进一步规定，中标人的投标应当满足招标文件中的实质性要求，否则将被否决。因此，要想中标，投标文件必须响应招标文件的实质性要求或条件。有观点据此认为招标文件是具有法律效力的、特殊的要约邀请。

【案例】营口绿源锅炉有限责任公司与东营市河口区国有资产运营管理中心、东营市河口区城市管理局招标投标买卖合同纠纷案[（2014）鲁商终字第184号]

裁判要旨：投标文件没有完全响应招标文件的实质性要求和条款，属于无效投标文件，应当认定其不具备中标资格。招标人未发出中标通知书，也未订立书面合同，因此，招标投标买卖合同尚未成立。

【法院裁判】山东省高级人民法院认为：（1）关于营口绿源公司的中标资格是否应当取消的问题，法院认为，东营市河口区国有资产运营管理中心（以下简称河口国资运营中心）发布的（2012）044号招标文件载明，项目名称为东营市河口区城市管理局（以下简称河口城管局）集中供暖链条式热水锅炉项目，所购设备链条式热水锅炉数量为3台，投标文件必须响应"投标人投标产品（设备）齐全，符合招标文件要求"等全部实质性要求和条款，否则应当认定为无效投标文件。营口绿源锅炉有限责任公司（以下简称营口绿源公司）所投标书中《投标分项报价明细表》《投标货物描述表》载明的项目名称均为东营市城市管理局供热站辽河路供热站搬迁改造工程锅炉,《招标货物描述表》中载明“锅炉本体”“炉排”“分层给煤”“减速机”“仪表阀门”“吹灰机”等设备数量均为2台(套)。因此,营口绿源公司的投标文件没有完全响应招标文件的实质性要求和条件,属于无效投标文件,应当认定其不具备中标资格,营口绿源公司的中标资格应当予以取消。

(2)关于该案招标投标买卖合同是否成立并合法有效的问题,法院认为,根据法律的相关规定,承诺通知到达要约人时生效,当事人采用合同书形式订立合同的,自双方当事人签字或者盖章时合同成立。河口国资运营中心发布的(2012)044号招标文件载明,招标人和中标人应当自中标通知书发出之日起30日内书面签订政府采购合同,中标通知书是合同的有效组成部分。该案中,取消营口绿源公司的中标资格并进行变更公示之时,河口国资运营中心和河口城管局并未向营口绿源公司发出中标通知书,更没有与营口绿源公司订立书面合同。因此,河口国资运营中心和河口城管局没有向营口绿源公司作出订立合同的承诺,涉案招标投标买卖合同尚未成立,亦不需确定该招标投标买卖合同的法律效力。

37 国有投资项目的招投标有无特殊规定?

答:首先,根据《招标投标法实施条例》第八条的规定,国有资金占控股或者主导地位的依法必须进行招标的项目,应当公开招标;但有下列情形之一的,可以邀请招标:(1)技术复杂、有特殊要求或者受自然环境限制,只有少量潜在投标人可供选择;(2)采用公开招标方式的费用占项目合同金额的比例过大。有前款第二项所列情形,属于该条例第七条规定的项目,由项目审批、核准部门在审批、核准项目时作出认定;其他项目由招标人申请有关行政监督部门作出认定。

其次,根据《招标投标法实施条例》第十八条第二款的规定,国有资金占控股或者主导地位的依法必须进行招标的项目,招标人应当组建资格审查委员会审查资格预审申请文件。资格审查委员会及其成员应当遵守《招标投标法》和该条例有关评标委员会及其成员的规定。

最后,《招标投标法实施条例》第五十五条规定,国有资金占控股或者主导地位的依法必须进行招标的项目,招标人应当确定排名第一的中标候选人为中标人。排名第一的中标候选人放弃中标、因不可抗力不能履行合同、不按照招标文件要求提交履约保证金,或者被查实存在影响中标结果的违法行为等情形,不符合中标条件的,招标人可以按照评标委员会提出的中标候选人名单排序依次确定其他中标候选人为中标人,也可以重新招标。

【案例】嘉祥华通路桥工程有限公司、大方县交通运输局建设工程施工合同纠纷案[(2019)黔民终870号]

裁判要旨:国有资金占控股或者主导地位的依法必须进行招标的项目,应当公开招标;但有下列情形之一的,可以邀请招标:(1)技术复杂、有特殊要求或者受自然环境限制,只有少量潜在投标人可供选择;(2)采用公开招标方式的费用占项目合同金额的比例过大。有前述第二项所列情形,属于《招标投标法实施条例》第七条规定的项目,由项目审批、核准部门在审批、核准项目时作出认定;其他项目由招标人申请有关行政监督部门作出认定。

【法院裁判】一审法院认为,该案当事人的争议焦点是:(1)案涉施工合同协议书的效力如何认定;(2)交通局、新九驿公司、新城公司在该案中应否承担责任,如承担,如何承担;(3)原告主张的工程款、建设项目管理费、停工损失、租赁费、可得利益、经济补偿金应如何认定,其请求应否得到支持。

针对焦点一:根据大方县政府与新城公司签订的《大方县六龙—羊场公司等项目建设投资协议》约定,涉案六龙至羊场油路项目由新城公司代政府投资建设,政府以土地出让价款抵偿新城公司的投资。该项目工程业主(建设方)为交通局(代表政府),由新城公司投资代建,项目建设资金实际来源于政府资金。根据《招标投标法》第三条第一款第二项"在中华人民共和国境内进行下列工程建设项目包括项目的勘察、设计、施工、监理以及与工程建设有关的重要设备、材料等的采购,必须进行招标:(二)全部或者部分使用国有资金投资或者国家融资的项目”的规定,应通过招标程序确定案涉项目工程的承包方。该案新城公司虽然通过邀请招标方式进行招标,但其在向被邀请单位发出的投标邀请书中项目资金来源载明的是“地方政府自筹以及申请上级补助”,隐瞒了其投资代政府建设的重大事项,事实上对被邀请单位而言,项目资金来源于新城公司,政府没有直接向被邀请单位支付资金的义务。该邀标事项违背了政府将涉案项目交由新城公司投资代建的初衷,如果没有新城公司资金的投入,则该工程的建设可能会因资金的缺乏而落空,项目建设施工会损害社会公共利益。从事态的发展来看,新城公司、中标人即嘉祥华通路桥工程有限公司(以下简称华通公司)、大方县交通运输局(以下简称大方县交通局)签订《施工合同协议书》后两个月,新城公司又与华通公司签订《施工合同补充协议书》,将本应由其投资建设的义务转由华通公司垫资修建,并且还按建筑工程费收取华通公司4%的管理费,在以后的工程施工中资金严重缺乏,工程难以完成。因此,涉案六龙至羊场油路项目计划投入建设资金1亿多元,关系国计民生,新城公司在招标项目资金未有效落实的情况下进行招标,违反了《招标投标法》第九条第二款“招标人应当有进行招标项目的相应资金或者资金来源已经落实,并应当在招标文件中如实载明”之规定,同时采用邀请招标也违反了《招标投标法实施条例》第八条“国有资金占控股或者主导地位的依法必须进行招标的项目,应当公开招标;但有下列情形之一的,可以邀请招标:(一)技术复杂、有特殊要求或者受自然环境限制,只有少量潜在投标人可供选择;(二)采用公开招标方式的费用占项目合同金额的比例过大。有前款第二项所列情形,属于本条例第七条规定的项目,由项目审批、核准部门在审批、核准项目时作出认定;其他项目由招标人申请有关行政监督部门作出认定”的规定,损害了社会公共利益,该招投标违法,中标也因此而无效。且大方县交通局、新城公司、华通公司三方签订的《施工合同协议书》约定的资金来源与招标文件不一致,大方县交通局也直接成为支付工程款的主体,合同主要条款发生变更。因此,该合同违反了《招标投标法实施条例》第五十七条第一款“招标人和中标人应当依照招标投标法和本条例的规定签订书面合同,合同的标的、价款、质量、履行期限等主要条款应当与招标文件和中标人的投标文件的内容一致。招标人和中标人不得再行订立背离合同实质性内容的其他协议”的规定。同时，根据《最高人民法院关于审理建设工程施工合同纠纷案件适用法律问题的解释》第一条第三项“建设工程施工合同具有下列情形之一的，应当根据合同法第五十二条第（五）项的规定，认定无效：（三）建设工程必须进行招标而未招标或者中标无效的”[①]的规定，大方县交通局、新城公司、华通公司三方签订的《施工合同协议书》无效，新城公司与华通公司签订的《施工合同补充协议书》也相应无效。华通公司主张合同有效与法律规定不符，法院不予支持。

---

① 此解释已被《最高人民法院关于废止部分司法解释及相关规范性文件的决定》（法释〔2020〕16号）废止。现行规定为《最高人民法院关于审理建设工程施工合同纠纷案件适用法律问题的解释（一）》（法释〔2020〕25号）第一条：“建设工程施工合同具有下列情形之一的，应当依据民法典第一百五十三条第一款的规定，认定无效：（一）承包人未取得建筑业企业资质或者超越资质等级；（二）没有资质的实际施工人借用有资质的建筑施工企业名义的；（三）建设工程必须进行招标而未招标或者中标无效的。承包人因转包、违法分包建设工程与他人签订的建设工程施工合同，应当依据民法典第一百五十三条第一款及第七百九十一条第二款、第三款的规定，认定无效。”

第二章 投标法律实务问答

38 投标保证金有效期是多少天？

答：投标保证金的有效期与投标有效期一致，投标有效期是指为了保证招标人有足够的时间在开标后完成评标、定标、合同签订等工作而要求投标人提交的投标文件在一定时间内保持有效的期限。在投标有效期截止前，投标人必须对自己提交的投标文件承担相应法律责任。投标有效期的起始时间，《招标投标法实施条例》规定，投标有效期从投标人提交投标文件截止之日起计算。按照上述规定，投标保证金的起始时间也应该从投标截止日起计算。具体期限一般为 90 天，最长不超过 120 天。

【案例】新疆能源（集团）有限责任公司、中煤建筑安装工程集团有限公司等合同纠纷案[（2021）新民终 293 号]

裁判要旨：招标投标活动中，投标人依法定程序提交投标文件作为要约，招标人依法作出承诺而构成了招投标合同法律关系。由于招标投标的程序要求，招标人向投标人发出中标通知书后双方构成预约合同，投标保证金仅仅是为订立预约合同而设定的担保。

【法院裁判】在案涉的招标投标活动中，投标人中煤建筑安装工程集团有限公司（以下简称中煤公司）依法定程序提交投标文件作为要约，招标人新疆能源（集团）有限责任公司（以下简称新疆能源公司）依法作出承诺而构成了招投标合同法律关系。由于招标投标的程序要求，招标人新疆能源公司向中煤公司发出中标通知书后双方构成预约合同，投标保证金仅仅是为订立预约合同而设定的担保。依照《招标投标法实施条例》的规定，投标保证金不予退还的情形有两种：一是投标截止后投标人撤销投标文件的；二是中标人无正当理由不与招标人订立合同，在签订合同时向招标人提出附加条件，或者不按照招标文件要求提交履约保证金的。案涉招标文件（招标编号：XJGZ－2019－157）第二章第

3.4.4项对于不予退还保证金的情形也作了约定,即(1)投标人在投标截止时间后对投标文件做实质性修改;(2)投标人恶意串通,妨碍其他投标人的竞争行为,损害招标人或者其他投标人的合法权益的,与投标人串通投标,投标无效。该案中,均不涉及上述法律规定及合同约定情况,因此,中煤公司要求退还投标保证金的请求法院予以准许。

新疆能源公司作为委托方与国际招标中心作为受托方签订了涉案《招标代理合同》,国际招标中心接受委托后发布招标公告,双方之间形成委托代理关系。虽然双方在《招标代理合同》中并未对投标保证金的收取和返还进行约定,但在新疆能源公司与国际招标中心共同发布的招标文件中已明确载明:投标保证金为招标文件的组成部分;招标人与中标人签订合同后5日内,向未中标的投标人和中标人退还投标保证金;在指定的时间内以电汇的形式汇到招标代理人国际招标中心开户的账户内,即新疆能源公司对于国际招标中心在招标过程中收取投标保证金的行为是知晓且认可的,故基于新疆能源公司与国际招标中心之间的委托代理关系及案涉招标文件的约定,在投标人中煤公司最终未能中标的情况下,新疆能源公司应当向其返还投标保证金。新疆能源公司可在退还投标保证金后,另行向国际招标中心主张权利。一审法院认为中煤公司主张返还投标保证金6032461元的请求合理正当,应予支持。根据招标文件约定,该投标保证金应于签订合同后5日内返还,该案中新疆能源公司向中煤公司发出中标通知书的时间是2019年10月28日,该中标通知书即应视为其与中煤公司构成预约合同关系,因此,该案中返还投标保证金的时间应为2019年11月1日(2019年10月28日加5天)。

根据《招标投标法实施条例》第五十七条第二款"招标人最迟应当在书面合同签订后5日内向中标人和未中标的投标人退还投标保证金及银行同期存款利息"的规定,中煤公司缴纳投标保证金的时间即2019年8月7日至2019年11月1日(86天)应按2019年一年期央行基准存款利率1.5%计算利息。对于其后的利息,案涉招标文件虽未对逾期未返还投标保证金的违约损失进行约定,但新疆能源公司未按合同约定时间向中煤公司返还投标保证金,其违约行为自后即已发生。因此2019年11月1日至2020年7月7日(249天)产生的资金占用期间的利息应按全国银行间同业拆借中心公布的一年期贷款市场报价利率计算。关于中煤公司主张的2020年7月7日至实际付清之日期间的利息,应当按全国银行间同业拆借中心公布的一年期贷款市场报价利率自2020年7月8日起计算至实际付清之日止。

39 投标文件中的投标有效期长于或短于招标文件中的投标有效期,要否决其投标吗?

答:投标文件应实质性响应招标文件,投标文件中的投标有效期一般情况下应与招标文件中的投标有效期一致,但若出现投标文件中的投标有效期短于招标文件中的投标有效期,则说明投标文件没有实质响应招标文件,评标委员会应该否决其投标。若投标文件中的投标有效期长于招标文件中的投标有效期,该如何处理,实践中观点不一,一种观点认为,投标文件中的投标有效期长于招标文件的投标有效期,说明投标文件优于招标文件,评标委员会不应否决其投标,持这种观点的理论依据是《中华人民共和国招标投标法实施条例释义》(中国计划出版社2012年版)一书,该书认为:“投标有效期的约束效力和作用,投标文件标明的投标有效期不能短,但可以长。”另一种观点认为,投标文件中的投标有效期应该与招标文件一致,投标文件中的投标有效期长于招标文件中的投标有效期,实质上没有响应招标文件,也应属于废标。

比如,某材料招标项目,招标文件中明确投标有效期为90天,投标有效期不符合招标文件规定为投标否决条款。在投标截止时间前共有甲、乙、丙、丁、戊5家投标人递交投标文件,投标截止后即进行了开标。由于招标人评委另有重要事宜当天不能参加评标,评标工作在5天后进行,在符合性评审中发现,甲投标有效期为30天,丁投标有效期为120天,乙、丙、戊投标有效期为90天。评标委员会一致认为甲的投标有效期小于招标文件的规定,甲的投标被否决。评标委员会在对丁的投标有效期处理意见中出现分歧:有评委认为投标有效期承诺比招标文件规定更长,应该是正偏离,投标不应被否决;有评委认为投标有效期承诺与招标文件规定不一致,也属于投标有效期不符合招标文件规定,投标应当被否决。评标委员会就此问题进行了激烈的讨论,最后评委表决少数服从多数否决了丁的投标。

为了防止以上这种情况出现,笔者建议,投标人在投标文件中填写投标有效期时尽量与招标文件投标有效期保持一致,没必要别出心裁,另起炉灶。若有特别情形必须长于招标文件中的投标有效期,投标函中可以加上"承诺在招标文件规定的投标有效期内不修改、撤销投标文件"的条款。

【案例】重庆中科建设(集团)有限公司与重庆新申佳实业有限公司建设工程合同纠纷案[(2021)渝0119民初4818号]

裁判要旨:招标文件中确定了投标文件有效期,投标人未中标的,招标人最迟应当在确定中标人后30日退还投标保证金。

【法院裁判】被告重庆新申佳实业有限公司(以下简称新申佳实业公司)邀请原告重庆中科建设(集团)有限公司(以下简称中科建设公司)参加由其实施的申佳·天馥城四期一标施工总承包工程投标,原告中科建设公司接受被告新申佳公司的邀请进行投标,并按招标文件规定向被告新申佳实业公司缴纳了投标保证金50万元,并且在整个招投标过程中未对招标文件提出异议,故招标文件系双方当事人的真实意思表示,且不违反法律、行政法规的强制性规定,合法有效,双方当事人均应当严格遵守。招标文件约定被告新申佳实业公司应在确定中标单位后30日内退还未中标单位的投标保证金,原告中科建设公司未中标,被告应当退还投标保证金,且被告对退还原告公司投标保证金50万元无异议,故法院对原告要求被告退还投标保证金50万元的诉讼请求予以支持。

40 哪些情形下缴纳的投标保证金不予退还?

答:投标保证金是指在招投标活动中,投标人随投标文件一同提交给招标人的一定形式、一定金额的一种债权成立的担保,根据《招标投标法实施条例》

第三十五条的规定,投标保证金不予退还的情形有以下几种:(1)投标截止日后撤销投标文件的;(2)提供虚假的项目负责人或主要技术人员简历、劳动关系证明;(3)中标后无正当理由拒绝与招标人订立合同;(4)签订合同时向招标人提出附加条件或者不按照招标文件要求提交履约保证金;(5)招标文件规定的不予退还的其他情形。

【案例】浙江省建工集团有限责任公司、郑州禹博房地产开发有限公司建设工程合同纠纷案[(2020)豫0182民初4990号]

裁判要旨:投标保证金是为了避免因投标人在投标有效期内随意撤回、撤销投标或中标后不能提交履约保证金和签署合同等行为而给招标人造成损失,由投标人对其投标责任提供的担保。

【法院裁判】该案招标文件有关投标保证金等内容,不违反《招标投标法实施条例》《工程建设项目施工招标投标办法》等规定,对从事招投标的当事人具有法律约束力。浙江省建工集团有限责任公司(以下简称浙江建工公司)响应了招标人发出的要约邀请,在规定的时限内向郑州禹博房地产开发有限公司(以下简称禹博地产公司)交付了投标保证金并递交了投标函,说明浙江建工公司针对建设工程合同的订立事项向禹博地产公司发出了具体明确的要约,并表示接受招标文件中的"所有条款和条件",其中包括接受禹博地产公司针对工程款(进度款)支付方式的选择权。该要约发出后,如需撤回或补充、修改,应在投标截止时间前根据招标文件等要求进行,在投标有效期内,浙江建工公司作为投标人必须对其递交的投标文件负责,受其约束。投标保证金是为了避免因投标人在投标有效期内随意撤回、撤销投标或中标后不能提交履约保证金和签署合同等行为而给招标人造成损失,由投标人对其投标责任提供的担保。浙江建工公司向禹博地产公司发出情况说明,拒绝接受禹博地产公司提出的有关保理付款条件,单方否定了禹博地产公司针对工程款(进度款)支付方式的选择权,系对其原先的要约事项作出的重大修改,其作用是撤销投标文件,其行为发生于该案投标有效期内,违反了诚实信用原则,符合招标文件有关不予退还投标保证金的情形。投标截止后投标人撤销投标文件的，招标人可以不退还保证金，浙江建工公司的诉讼请求，于法无据，该院不予支持。

41 投标保证金何时退还？

答：投标人提交投标保证金的实质在于其按招标文件规定数额和担保形式，保证其在投标有效期内不撤销投标，即保证其交易行为：(1)在投标有效期内不撤销其投标文件；(2)收到中标通知书后依法与招标人签订书面合同；(3)招标文件要求提交履约保证金的，按招标文件要求提交履约保证金。当投标保证金的作用完成后，招标人则应当退还投标保证金，具体应何时退还呢？

根据《招标投标法实施条例》第三十五条、第五十七条之规定，招标人应当在下列时间内，退还投标保证金：(1)招标人收到投标人书面撤回投标文件通知之日起5日内；(2)招标人最迟应当在书面合同签订后5日内退还投标保证金及银行同期存款利息。

【案例】北京城建七建设工程有限公司与青海省物产化工有限责任公司建设工程施工合同纠纷案[(2015)青民一初字第44号]

裁判要旨：招标人应当在下列时间内，退还投标保证金：(1)招标人收到投标人书面撤回投标文件通知之日起5日内；(2)招标人最迟应当在书面合同签订后5日内退还投标保证金及银行同期存款利息。

【法院裁判】2013年3月25日，投标人向招标人交纳投标保证金190万元，对此双方不持异议，同年6月21日双方签订施工合同。根据《招标投标法实施条例》第二十六条和第五十七条第二款的规定，招标人应当在2013年6月26日向投标人退还投标保证金190万元及银行同期存款利息。由于招标人未退还投标保证金，双方于2015年1月20日在解除涉案合同的会议纪要中，就投标保证金190万元的退还问题达成在2015年3月底由双方协商解决的共识。据此可以认定双方对投标保证金的退还时间确定为2015年3月底，即从2015年4月1日起由招标人承担投标保证金的银行同期存款利息。投标人主张由招标人退还投标保证金及支付银行同期存款利息的请求有事实依据和法律依据，应当予以支持；但其主张从2013年6月26日起计算利息的请求与双方在解除涉案合同时达成的退还保证金的时间的约定不一致，法院不予采纳。

42 可以要求招标人双倍返还投标保证金吗？

答：不能要求招标人双倍返还投标保证金。

投标保证金是否可以适用双倍返还的定金罚则，取决于投标保证金的法律性质，如果投标保证金的法律性质属于定金，则可以要求招标人双倍返还投标保证金，否则，则不能要求招标人双倍返还。对于投标保证金的法律性质，目前法律没有明确规定，实践中，对投标保证金的法律性质，观点不一，一种观点认为投标保证金具有定金性质，另一种观点认为投标保证金属于违约金。

对于是否双倍返还投标保证金，实践中，亦有两种观点。一种观点认为，投标保证金不适用双倍返还的定金罚则，具有单向性。《招标投标法实施条例》第三十一条规定，招标人终止招标，已经收取投标保证金的，招标人应当及时退还所收取的投标保证金及银行同期存款利息。据此招标人对其单方终止招标的行为，无须双倍返还投标保证金。另一种观点认为，投标保证金适用双倍返还的定金罚则，应当双倍返还投标保证金，具有双向性。

【案例】湖南省建筑工程集团总公司与九江市林科所、九江市建院监理公司、九江市招标投标办公室招标投标纠纷案［（2004）九中民一初字第09号］

裁判要旨：在招标人违反招标文件和法律、行政法规的规定时，投标人有权利要求招标人双倍返还投标保证金。

【法院裁判】关于投标保证金,招标文件约定,“投标截止以后,投标人不得撤回投标文件,否则其投标保证金将被没收”,按照投标人与招标人平等地位的理解,投标保证金于特定情况下的惩罚性质应对等适用于双方,故此投标保证金具有定金的特征。在招标人违反招标文件和法律、行政法规的规定时,投标人有权利要求招标人双倍返还投标保证金。评标委员会违反行政法规的规定作出废标决定,此行为后果理应由招标人承担,招标人应向投标人双倍返还投标保证金。

43 公共资源交易中心可以收取投标保证金吗?

答:公共资源交易中心无权收取投标保证金。

实践中,许多公共资源交易中心,设置账户要求投标人将投标保证金统一交到其开设的账户,这种行为不符合法律规定。因为,按照《政府采购法》《招标投标法实施条例》等法律法规的规定,投标保证金的收取、退还人只有招标人或招标人授权的招标代理机构,公共资源交易中心收取投标保证金无法律法规的明确授权。其收取投标保证金行为违反“法有授权必须为、法无授权不可为”的法治政府原则。财政部颁布的《关于促进政府采购公平竞争优化营商环境的通知》中也只要求采购人、采购代理机构规范投标保证金收取和退还,没有提及公共资源交易中心作为投标保证金的收取人。

【案例】邓州市发展投资有限责任公司、四川中喻建设集团有限公司房地产开发经营合同纠纷案[(2019)豫13民终4084号]

裁判要旨:公共资源交易中心可作为招标人指定的收取投标保证金的主体,但并不是返还保证金的适格主体。

【法院裁判】一审法院认为,根据招标文件中投标人须知前附表3.4.1中的规定及转账凭证,四川中喻建设集团有限公司(以下简称四川中喻公司)转账的账户邓州市公共资源交易中心政府采购项目07保证金为保证金专户，系邓州市发展投资有限责任公司（以下简称邓州投资公司）指定账户，故邓州投资公司辩称其不是该案适格被告，应当向交易中心主张权利的辩解理由不成立。根据《招标投标法实施条例》第五十七条第二款的规定，招标人最迟应当在书面合同签订后5日内向中标的投标人和未中标人退还投标保证金及银行同期存款利息，四川中喻公司要求邓州投资公司支付剩余150万元保证金及利息，法院予以支持。

二审法院认为，邓州投资公司是出具"邓州市团结中路旧城（棚户）区改造工程PPP项目社会资本方"招标文件的招标人，四川中喻公司是投标人，邓州市公共资源交易中心为邓州投资公司指定的投标保证金的接收单位，不是招投标的当事人，邓州投资公司以邓州市公共资源交易中心接收保证金为由，提出由该中心承担返还义务，缺乏根据，法院不予采信。

44 招标人收取投标保证金的同时可以收取报名费吗？

答：不能收取报名费。

收取投标保证金的同时收取报名费，违反法律规定。招标实务中，一些招标人为了规避投标保证金不得超过招标项目估算价的2%和货物、施工招标不得超过80万元，勘察招标不得超过10万元的双重限额标准，采取让投标人另外再缴纳一笔"报名费"的做法，并要求投标人出具承诺书，承诺在投标过程中不弄虚作假、不围标、不串通投标，否则收取的报名费不予退还。《招标投标法》中就没有"投标报名"一说，更谈不上报名费。对此，2019年5月29日国务院办公厅转发的国家发展改革委《关于深化公共资源交易平台整合共享的指导意见》中再次强调，要求坚决取消没有法律法规依据的投标报名事项，收取报名费的做法在该意见中自然是被取消的对象。

【案例】莱茵贝格电梯(北京)有限公司与海南军海苏北建筑工程有限公司徐州分公司、海南军海苏北建筑工程有限公司招标投标买卖合同纠纷案[(2018)苏0302民初413号]

裁判要旨: 投标人转账时标注为报名费的款项,根据案件性质和实际履行的内容来看,报名费本质上就是投标保证金。

【法院裁判】 海南军海苏北建筑工程有限公司徐州分公司(以下简称军海徐州分公司)授权李某某刻制其印章,并任命其为微山馨和苑住宅小区项目部负责人,李某某在中国建设银行微山支行设立账户的行为,应当视为代表军海徐州分公司的职务行为。原告的报名费系汇入军海徐州分公司设立的银行账户中,因此,应认定是军海徐州分公司收到了原告的报名费,电梯报名费实际应为投标保证金,因此双方之间应认定招投标关系。后原告未进行投标,被告军海徐州分公司也未与原告签订电梯合同,原告无法实现合同目的可以要求解除招投标关系并要求退还报名费,原告向军海徐州分公司要求返还报名费时,可以视为通知解除招投标关系,解除后被告军海徐州分公司负有返还报名费的责任,因此对原告要求被告军海徐州分公司返还报名费5万元的诉讼请求,法院予以支持。被告军海徐州分公司系被告海南军海苏北建筑工程有限公司(以下简称军海公司)的分公司,军海公司应当对军海徐州分公司不能清偿的债务承担清偿责任。故对原告要求被告军海公司承担责任的请求,法院亦予以支持。

45 招标项目被宣布暂停,投标保证金是否应当返还?

答: 招标项目暂停,暂停期间投标保证金不需要退还。

按照《招标投标法实施条例》的规定,投标保证金的作用在于:(1)保证在投标截止日后至中标人确定之前,投标人不修改投标文件或撤回投标文件;(2)保证投标人被确定为中标人后按照招标文件和投标文件与招标人签订合同,在签订合同时不提附加条件;(3)按招标文件的要求缴纳履约保证金。《招标投标法实施条例》第二十六条第一款规定:“招标人在招标文件中要求投标人提交投标保证金的,投标保证金不得超过招标项目估算价的2%。投标保证金有效期应当与投标有效期一致。”

综上所述,从投标保证金担保的内容和担保的期限来看,若项目被宣布暂停,未超过投标有效期,投标保证金不应当退还。

【案例】江西省路桥隧道工程有限公司与佛山市顺德区公共资源交易中心、佛山市顺德区公路局招标投标买卖合同纠纷案[(2017)粤0606民初10268号]

裁判要旨:投标活动因投标人违反诚信投标承诺,导致招标程序暂停,应当不予退还投标人的投标保证金。

【法院裁判】本案中,根据2016年11月9日路桥公司向佛山市顺德区发展规划和统计局发出的《关于将江西省路桥隧道工程有限公司纳入不诚信投标企业名单的回复函》的内容,结合2016年12月19日顺德区诚信建设的职能部门佛山市顺德区发展规划和统计局发出的《顺德区发展规划和统计局(发展改革统计)关于将江西省路桥隧道工程有限公司纳入“不诚信投标企业名单”的函》,足以认定路桥公司在参加涉案工程招标投标活动时被查实存在项目负责人在其他在建工程中担任项目负责人的情况,而根据《诚信投标承诺书》第四条约定,路桥公司愿意取消本单位在本项目中的投标资格或中标资格、不予退还本单位在本项目中的投标担保金、同意将本单位纳入不诚信投标企业名单等,据此,法院认为,根据前述顺德区诚信建设职能部门认定,或者根据路桥公司出具的《诚信投标承诺书》的以上约定,足能认定路桥公司属于不诚信投标企业,根据涉案《招标文件》《诚信投标承诺书》的约定,顺德公路局享有取消路桥公司投标资格并不予退还路桥公司投标担保金46万元的权利。

路桥公司作为具有建设工程施工资质的专业建筑公司,应当知悉拟派出的项目负责人是建设工程施工的投标文件的法定必备的实质性条件内容，招标投标属于民事活动范畴，路桥公司以本案双方没有成立合同却又主张《诚信投标承诺书》属于格式条款，同时又主张被告不予退还投标保证金的函是行政行为，顺德交易中心、顺德公路局没有相应行政职能、处理无行政法依据，路桥公司主张的理由自相矛盾且理由纯属无理，法院不予采纳，对路桥公司的诉讼请求应予以驳回。因此，顺德交易中心、顺德公路局的答辩不予退还投标保证金的理由成立，法院予以采纳。

46 超额收取的投标保证金如何处理？

答：投标保证金有金额限制，超出部分没有法律依据，应予以退还。《招标投标法实施条例》第二十六条第一款规定："招标人在招标文件中要求投标人提交投标保证金的，投标保证金不得超过招标项目估算价的2%。投标保证金有效期应当与投标有效期一致。"这里的"招标项目估算价"是指根据招标文件、有关计价规则和市场价格水平合理估算的招标项目金额。计算出来的投标保证金金额，既是投标人提交的投标保证金金额的最低金额，也是招标人要求投标人缴纳的投标保证金额的最高限额。招标人在招标文件中设置的金额不得超过前述限制，超出部分不受法律保护，应予以返还。

【案例】中冶地勘岩土工程有限责任公司与北京合生愉景房地产开发有限公司等缔约过失责任纠纷案[（2018）京03民终1758号]

裁判要旨：投标保证金金额不得超出法律规定的限额，超出部分应予退还。

【法院裁判】北京市第三中级人民法院认为，关于中冶地勘岩土工程有限责任公司（以下简称中冶公司）主张返还投标保证金一节，因中冶公司在中标后拒绝签订施工合同且自行撤场，存在违约行为，建业公司不予退还中冶公司投标保证金并不违反招标文件及法律规定。但《招标投标法实施条例》第二十六条规定，投标保证金不得超过招标项目估算价的2%，建业公司收取的投标保证金显然违反该强制性规定，超出规定收取保证金，故建业公司多收取的投标保证金应当予以返还。

47 法律法规对投标主体资格有哪些限制性规定？

答：《招标投标法》《招标投标法实施条例》对投标主体资格从身份方面、与招标人有利害关系方面、投标人之间管理关系、控股关系及代理商方面均有不能参与投标的限制性规定，违反上述规定，投标无效。具体限制性规定如下：

（1）对主体身份的限制性。《招标投标法》第二十五条规定："投标人是响应招标、参加投标竞争的法人或者其他组织。依法招标的科研项目允许个人参加投标的，投标的个人适用本法有关投标人的规定。"根据该条规定，投标人一般是法人或其他组织，只有允许个人参加投标的科研项目招标，个人才能投标。

（2）与招标人有利害关系的限制。《招标投标法实施条例》第三十四条第一款和第三款规定："与招标人存在利害关系可能影响招标公正性的法人、其他组织或者个人，不得参加投标。违反前两款规定的，相关投标均无效。"与招标人存在利害关系且可能影响招标公正性的法人或其他组织不能投标。

（3）投标人之间具有管理关系、控股关系的限制。《招标投标法实施条例》第三十四条第二款规定："单位负责人为同一人或者存在控股、管理关系的不同单位，不得参加同一标段投标或者未划分标段的同一招标项目投标。"根据该条规定，如果投标人的负责人是同一人，投标人之间具有管理关系或控股关系，不能同时参加同一招标项目或同一标段的招标项目的投标，否则投标均无效。

另外，对代理商的投标也有所限制。《工程建设项目货物招标投标办法》第三十二条第三款规定："一个制造商对同一品牌同一型号的货物，仅能委托一个代理商参加投标。"一个制造商不能同时委托几个代理商同时投标一个招标项目，只能委托一个代理商投标。

【案例】莆田市后海围垦管理局与曾某某租赁合同纠纷案[(2016)闽民申2830号]

裁判要旨：自然人参加依法必须招标的科研项目投标的，适用《招标投标法》；参加其他项目投标的，其不具备投标人的主体资格，不适用《招标投标法》。

【法院裁判】该案系租赁合同纠纷，《招标投标法》第二十五条规定："投标人是响应招标、参加投标竞争的法人或者其他组织。依法招标的科研项目允许个人参加投标的，投标的个人适用本法有关投标人的规定。"该规定属于法律对投标主体的强制性规定，该案中曾某某系自然人，案涉虾池的出租经营亦无涉招投标，该案虾池招租虽参照了《招标投标法》有关程序，但曾某某并非法人或其他组织，不具备投标人的主体资格，故该案不适用《招标投标法》。一、二审法院根据《招标投标法实施条例》认定案涉投标保证金超过估算价2%的部分无效，属于适用法律错误。莆田市后海围垦管理局通过竞价方式对外出租虾池，曾某某缴纳押金并竞价的行为，系双方真实意思表示，不违反法律、法规强制性规定，应为有效的民事法律行为。

48 如何认定与招标人之间存在"利害关系"？

答：《招标投标法实施条例》第三十四条第一款规定："与招标人存在利害关系可能影响招标公正性的法人、其他组织或者个人，不得参加投标。"条文中的与招标人存在"利害关系"的情况比较多见，也难以认定，一般情况下，具有下列情形的，可以认定为具有"利害关系"：(1)投标人是招标人的附属机构；(2)投标人与招标人互相参股或控股，相互任职或工作；(3)招标人与投标人的负责人或法定代表人为同一人；(4)投标人为招标人做过招标项目的前期准备工作，如可行性研究报告的编制、勘察、设计或其他咨询服务的情形；(5)为招标项目的监理人；(6)为招标项目的代建人；(7)为招标项目提供招标代理服务的；(8)与招标项目的监理人或代建人或招标代理机构同为一个法定代表人的；(9)与招标项目的监理人或代建人或招标代理机构相互控股或参股的；(10)与招标项目的监理人或代建人或招标代理机构相互任职或工作的。

【案例】范某某、安徽水安建设集团股份有限公司建设工程施工合同纠纷案［(2020)皖民终507号］

裁判要旨：招标人与投标人之间存在利害关系，订立的建设工程施工合同应属无效合同，但是工程已经竣工经验收合格，可参照合同约定支付工程款。

【法院裁判】二审法院认为，从投标书、工程投标报价书、承诺书看，范某某借用安徽水安建设集团股份有限公司（以下简称水安公司）的名义投标，并中标案涉工程，依照《招标投标法》第五十四条第一款“投标人以他人名义投标或者以其他方式弄虚作假，骗取中标的，中标无效”以及《最高人民法院关于审理建设工程施工合同纠纷案件适用法律问题的解释》第一条“建设工程施工合同具有下列情形之一的，应当根据合同法第五十二条第（五）项的规定，认定无效：……（二）没有资质的实际施工人借用有资质的建筑施工企业名义的”①的规定，水安公司与金水公司签订的两份补充协议及建设工程施工合同为无效合同。另外，招投标期间，水安公司和金水公司的法定代表人均为一人，投标人与招标人存在利害关系可能影响招标公正性，以及中标价7364.4万元改变投标报价7524万元等违反《招标投标法》的相关规定。故范某某主张案涉合同无效的请求，有事实和法律依据，法院予以支持。案涉合同无效，但范某某实际施工

① 此解释已被《最高人民法院关于废止部分司法解释及相关规范性文件的决定》（法释〔2020〕16号）废止。现行规定为《最高人民法院关于审理建设工程施工合同纠纷案件适用法律问题的解释（一）》（法释〔2020〕25号）第一条：“建设工程施工合同具有下列情形之一的，应当依据民法典第一百五十三条第一款的规定，认定无效：（一）承包人未取得建筑业企业资质或者超越资质等级的；（二）没有资质的实际施工人借用有资质的建筑施工企业名义的；（三）建设工程必须进行招标而未招标或者中标无效的。承包人因转包、违法分包建设工程与他人签订的建设工程施工合同，应当依据民法典第一百五十三条第一款及第七百九十一条第二款、第三款的规定，认定无效。”

的工程均已通过竣工验收，根据《最高人民法院关于审理建设工程施工合同纠纷案件适用法律问题的解释》第二条[①]的规定，范某某可以请求水安公司参照合同约定支付工程价款。

49 只要与招标人具有“利害关系”就不能投标吗？

答：不是只要与招标人具有“利害关系”就不能投标。根据《招标投标法实施条例》第三十四条的规定，与招标人具有利害关系，同时可能影响招标公正性的，才不能投标。实践中影响最大的就是招标人投资的具有独立法人资格的下属单位，很可能影响招标公正性，但如果不允许其投标，又不甚合理，可能会剥夺其竞争机会和生存条件，尤其对于业务大而全的国有企业集团而言，更是如此。如果所有投标人都是同一集团内部企业，处于同一竞争环境中，地位相同，一般都不存在“可能影响招标公正性”的问题；但集团内部企业与外部企业一起来投标，其公正性就会受到严格审视和质疑。

《招标投标法实施条例》并非一概禁止，只要招标人能够有充分理由证明在招标文件编制、评标专家的抽取、开标、评标等环节对于每一个投标人均做到公开、公平、公正，并没有任何证据明显显示对其他单位不公，并做好有关资料的存档备查工作，以备投标人提出异议时，招标人可以给出合理的解释，能够出具有说服力的书面证据，在这样的情况下，可允许有利害关系的单位投标。但“公正性”难以保证的，则不允许其投标，否则对其他投标人不公。

---

① 此解释已被《最高人民法院关于废止部分司法解释及相关规范性文件的决定》(法释〔2020〕16号)废止。现行规定为《最高人民法院关于审理建设工程施工合同纠纷案件适用法律问题的解释(一)》(法释〔2020〕25号)第二条：“招标人和中标人另行签订的建设工程施工合同约定的工程范围、建设工期、工程质量、工程价款等实质性内容，与中标合同不一致，一方当事人请求按照中标合同确定权利义务的，人民法院应予支持。招标人和中标人在中标合同之外就明显高于市场价格购买承建房产、无偿建设住房配套设施、让利、向建设单位捐赠财物等另行签订合同，变相降低工程价款，一方当事人以该合同背离中标合同实质性内容为由请求确认无效的，人民法院应予支持。”

【案例】江西京佰源供应链管理有限公司、江西佰联万家投资发展有限责任公司委托合同纠纷案[(2022)赣05民终913号]

裁判要旨:案涉纠纷中没有任何明显显示存在对其他投标人不公的现象,京佰源公司在符合招标文件提出的资格要求的前提下以报价最高和评分第一的结果成为中标候选人,以上过程均不存在以不合理的条件限制或者排斥潜在投标人,对潜在投标人实行歧视待遇等情况。

【法院裁判】一审法院认为,(2021)赣0502民初9524号案涉园区委托运营事宜由江西佰联万家投资发展有限责任公司(以下简称佰联万家公司)委托金山公司代理招标,金山公司向三个以上法人发出了邀请招标书并编制了招标文件,招标文件中不含有倾向或者排斥潜在投标人的内容,三个投标人通过统一渠道获取招标文件参加招标会,江西京佰源供应链管理有限公司(以下简称京佰源公司)参与投标时的法定代表人温某珍虽同时担任佰联万家公司公司监事、行政部长,但《招标投标法实施条例》第三十四条第一款对投标人规定的限制条件为"与招标人存在利害关系可能影响招标公正性的法人、其他组织或者个人,不得参加投标"。京佰源公司法定代表人的身份并不当然影响招标公正性,而该案没有任何明显显示存在对其他投标人不公的现象,京佰源公司在符合招标文件提出的资格要求的前提下以报价最高和评分第一的结果成为中标候选人,以上过程均不存在以不合理的条件限制或者排斥潜在投标人,对潜在投标人实行歧视待遇等情况。佰联万家公司主张谢某清作为京佰源公司另一股东的配偶却作为评标专家参与了评标委员会,但根据《招标投标法》和《招标投标法实施条例》法律责任部分的规定,此类情况不是导致中标无效的充分条件。因此,佰联万家公司答辩称《委托运营合同》无效的主张,缺乏事实与法律依据,该院不予采纳,《委托运营合同》是佰联万家公司的真实意思表示,不违反法律、行政法规的强制性规定,依法成立并生效。

二审法院认为:关于焦点一,法院认为,案涉园区委托运营事宜由佰联万家公司委托金山公司代理招标,该案没有任何明显显示存在对其他投标人不公的现象，京佰源公司在符合招标文件提出的资格要求的前提下以报价最高和评分第一的结果成为中标候选人，以上过程均不存在以不合理的条件限制或者排斥潜在投标人，对潜在投标人实行歧视待遇等情况。佰联万家公司现有证据不足以证明金山公司代理招标过程违反《招标投标法》和《招标投标法实施条例》的相关规定。2020年6月9日京佰源公司与佰联万家公司签订的《委托运营合同》是双方真实意思表示，不违反法律、行政法规的强制性规定，依法成立并生效。佰联万家公司上诉认为上述《委托运营合同》无效理由依法无据，法院不予支持。

50 《招标投标法实施条例》中的“控股关系”如何理解？

答：《招标投标法实施条例》第三十四条规定：“与招标人存在利害关系可能影响招标公正性的法人、其他组织或者个人，不得参加投标。单位负责人为同一人或者存在控股、管理关系的不同单位，不得参加同一标段投标或者未划分标段的同一招标项目投标。违反前两款规定的，相关投标均无效。”条文中“控股关系”是针对企业而言的，一般是指一个供应商是另一个供应商的控股股东，利用《公司法》赋予的参与决策经营权，足以直接决定、支配其所控股的公司的经营管理事项，拥有另一个公司一定比例以上股份称为母公司，相对而言，一定比例的股份被另一个公司所拥有，称为子公司。母子公司之间既有控股关系也有参股关系。《公司法》第二百一十六条第（二）项规定：“控股股东，是指其出资额占有限责任公司资本总额百分之五十以上或者其持有的股份占股份有限公司股本总额百分之五十以上的股东；出资额或者持有股份的比例虽然不足百分之五十，但依其出资额或者持有的股份所享有的表决权已足以对股东会、股东大会的决议产生重大影响的股东。”[①]一般将前一种控股情形称为绝对控股，后一种情形称为相对控股。

【案例】安徽省路桥工程集团有限责任公司与合肥市公共资源交易监督管理局、合肥市人民政府行政监察(监察)案[(2019)皖0111行初22号]

裁判要旨：安徽水利开发股份有限公司对安徽省路桥工程集团有限责任公司持股比例为72.6579%，两者存在控股关系，不得同时参加涉案项目投标。

【法院裁判】《招标投标法实施条例》第三十四条规定：“与招标人存在利害关系可能影响招标公正性的法人、其他组织或者个人，不得参加投标。单位负责人为同一人或者存在控股、管理关系的不同单位，不得参加同一标段投标或者未划分标段的同一招标项目投标。违反前两款规定的，相关投标均无效。”该案中，原告与安徽水利开发股份有限公司属于不同的法人。经法院核实，后者对前者的持股比例为72.6579%，两者存在控股关系，不得同时参加涉案项目投标。被告合肥市公共资源交易监督管理局在受理举报后，经调查后作出关于原告中标无效的处理决定，该行政行为并不违法。

① 2023年《公司法》修订后，此内容规定在第二百六十五条：“本法下列用语的含义：(一)高级管理人员，是指公司的经理、副经理、财务负责人，上市公司董事会秘书和公司章程规定的其他人员。(二)控股股东，是指其出资额占有限责任公司资本总额超过百分之五十或者其持有的股份占股份有限公司股本总额超过百分之五十的股东；出资额或者持有股份的比例虽然低于百分之五十，但依其出资额或者持有的股份所享有的表决权已足以对股东会的决议产生重大影响的股东。(三)实际控制人，是指通过投资关系、协议或者其他安排，能够实际支配公司行为的人。(四)关联关系，是指公司控股股东、实际控制人、董事、监事、高级管理人员与其直接或者间接控制的企业之间的关系，以及可能导致公司利益转移的其他关系。但是，国家控股的企业之间不仅因为同受国家控股而具有关联关系。”

51 《招标投标法实施条例》中的“管理关系”如何理解？

答：国家发展和改革委员会法规司等编著的《中华人民共和国招标投标法实施条例释义》（中国计划出版社2012年版）一书中，对存在“管理关系”的解释如下，“这里所称的管理关系，是指不具有出资持股关系的其他单位之间存在管理与被管理关系”，据此，管理关系既不是针对母子公司而言的，也不是针对出资持股单位而言的。如一些上下级关系的事业单位或团体组织，或者两个企业之间虽然没有出资持股关系，但是其中一个企业因其股东决定由另一企业代管，这些情况都属于具有“管理关系”。这种具有管理关系的两个单位投标，容易发生事先沟通，私下串通等现象，影响投标公正性。因此不能同时投标。

【案例】田某某、北京泰朗晟工程机械有限公司等确认合同无效纠纷案［（2022）豫民申2081号］

> **裁判要旨：**玉都安公司、北京泰朗晟工程机械有限公司（以下简称泰朗晟公司）存在管理关系，二审判决认定其同时参与96608部队案涉设备采购项目招投标违反了法律、行政法规的强制性规定，进而认定案涉合同无效，适用法律并无不当。

【法院裁判】根据《招标投标法实施条例》第三十四条的规定，与招标人存在利害关系可能影响招标公正性的法人、其他组织或者个人，不得参加投标。单位负责人为同一人或者存在控股、管理关系的不同单位，不得参加同一标段投标或者未划分标段的同一招标项目投标。违反前两款规定的，相关投标均无效。该案中，玉都安公司、泰朗晟公司（原名称为北京益霖陆科技发展有限公司）以及案外人洛阳圣凯达国际贸易有限公司同时参与96608部队案涉设备采购项目招投标活动，最终玉都安公司中标并与96608部队签订案涉2013－52号合同。根据二审判决查明的事实，案涉招投标期间，玉都安公司、泰朗晟公司工商信息基本情况如下：(1)玉都安公司的股东为王某娟、王某，王某娟为公司执行董事、法定代表人、经理，王某为监事；(2)泰朗晟公司的股东为王某、田某某，王某为公司执行董事、法定代表人、经理，田某某为监事；(3)王某与王某娟系父女关系，田某某与王某娟系夫妻关系。2019年2月，玉都安公司的股东变更为田某某，持股100%。据此分析，玉都安公司、泰朗晟公司存在管理关系，二审判决认定其同时参与96608部队案涉设备采购项目招投标违反了法律、行政法规的强制性规定，进而认定案涉合同无效，适用法律并无不当。

52 具有相同股东但不具有控股或管理关系的两个公司，是否可以同时投标？

答：招标文件没有另外规定的，可以投标。

《招标投标法实施条例》第三十四条规定："与招标人存在利害关系可能影响招标公正性的法人、其他组织或者个人，不得参加投标。单位负责人为同一人或者存在控股、管理关系的不同单位，不得参加同一标段投标或者未划分标段的同一招标项目投标。违反前两款规定的，相关投标均无效。"该法限制的是单位负责人为同一人或者存在控股关系、管理关系的不同单位投标资格，而对于不具有控股关系、管理关系、法定代表人也不同的不同单位，《招标投标法》《招标投标法实施条例》及其他相应规章均无限制性规定。根据"法无禁止即自由"的民商事原则，这种只是股东相同且未形成控股关系也不具有管理关系的两个公司是可以同时投标的。

【案例】青岛沃尔特节能工程技术有限公司与南宁冷辉空调冷冻技术服务有限责任公司、广西康鑫辉节能技术有限责任公司串通投标不正当竞争纠纷案［(2018)桂01民初319号］

裁判要旨：两公司投资人之一相同，并不属于青岛沃尔特节能工程技术有限公司(以下简称沃尔特公司)主张的投资参股关系。吴某秋在广西康鑫辉节能技术有限责任公司(以下简称康鑫辉公司)中持股比例仅有20%,对公司决策并不享有决定性的表决权,根据两公司的公司章程,其担任的监事亦不能决定公司的决策。不属于《招标投标法实施条例》第三十四条规定的无效情形。

【法院裁判】根据查明的事实,吴某秋在南宁冷辉空调冷冻技术服务有限责任公司(以下简称冷辉公司)中拥有60%的股份并担任监事,在康鑫辉公司中拥有20%的股份并担任监事。法院认为,两公司投资人之一相同,并不属于沃尔特公司主张的投资参股关系。吴某秋在康鑫辉公司中持股比例仅有20%,对公司决策并不享有决定性的表决权,根据两公司的公司章程,其担任的监事亦不能决定公司的决策。仅根据上述事实,不能认定吴某秋为两公司的实际控制人,更不能认定两公司存在财产利益、盈余分配等方面人格混同的情形。此外,冷辉公司与康鑫辉公司的关系亦不属于《招标投标法实施条例》第三十四条规定的"单位负责人为同一人或者存在控股、管理关系的不同单位,不得参加同一标段投标或者未划分标段的同一招标项目投标"的情形。

53 子公司是否可以参加母公司招标项目的投标?

答:一般情况下,子公司不可以参加母公司招标项目的投标。

《招标投标法实施条例》第三十四条第一款规定,"与招标人存在利害关系可能影响招标公正性的法人、其他组织或者个人,不得参加投标"。由此可见,不得投标须同时满足以下两个条件:第一,与招标人存在利害关系;第二,可能影响招标公正性。

子公司参与母公司的招标项目投标,属于《招标投标法实施条例》禁止情形。首先,子公司与母公司之间存在利害关系,子公司与母公司之间存在出资持股关系,母公司一般是子公司的控股股东,存在利害关系显而易见,无须赘言。其次,子公司参加母公司招标项目的投标,母公司难免偏袒其子公司,使其在竞争中处于优势地位,且母子公司也容易协商串通,属于"可能影响招标公正性"的情形。

综上所述，子公司参与母公司招标项目的投标，属于上述法律规定的禁止情形，子公司一般不可以投标母公司招标的项目，除非参加投标的公司全部是母公司的子公司，大家处于同一竞争环境，与母公司的亲密程度和利害关系均等。此时不认为可能影响招标公正性。

【案例】浙江湖州市建工集团有限公司、湖州三洋置业有限公司建设工程施工合同纠纷案[（2019）浙05民终298号]

裁判要旨：嘉业公司系浙江湖州市建工集团有限公司（以下简称建工集团）的控股子公司，存在《招标投标法实施条例》第三十四条规定的应当认定中标行为无效的情形。故双方签订备案的施工合同和之后签订的补充合同认定无效。

【法院裁判】一审法院认为[（2017）浙0502民初2836号]，《招标投标法实施条例》第三十四条第二款和第三款规定，单位负责人为同一人或者存在控股、管理关系的不同单位，不得参加同一标段投标或者未划分标段的同一招标项目投标。违反前两款规定的，相关投标均无效。该案中，同时参加邀请招标的建工集团与嘉业公司为关联企业，嘉业公司系建工集团的控股子公司，存在《招标投标法实施条例》第三十四条规定的应当认定中标行为无效的情形。综上，双方签订备案的施工合同和之后签订的补充合同，均应认定无效。

54 总承包人是否可以参加暂估价项目的投标？

答：总承包人不能参加暂估价项目的投标，只能作为总承包人管理单位管理总承包项目。《招标投标法实施条例》第二十九条规定："招标人可以依法对工程以及与工程建设有关的货物、服务全部或者部分实行总承包招标。以暂估价形式包括在总承包范围内的工程、货物、服务属于依法必须进行招标的项目范围且达到国家规定规模标准的，应当依法进行招标。前款所称暂估价，是指总承包招标时不能确定价格而由招标人在招标文件中暂时估定的工程、货物、服务的金额。”根据该条规定，达到招标规模且属于依法必须招标的项目范围内的暂估价项目，必须招标。该暂估价项目不能由总承包人直接承建，总承包人也不能投标暂估价项目。通过招标竞争程序选择暂估价项目的承包人时，应在招标文件的专业合同条款中明确发包人和总承包人的权利义务关系。一般情况下，由发包人批准，总承包人具体组织实施招投标工作，或者由发包人和总承包人共同作为招标人联合进行招标，中标通知书和合同也须经发包人批准后签发。若允许总承包人投标无疑会出现总承包人既是运动员又是裁判员的局面。因此，总承包人不能参与暂估价项目的投标。

【案例】中机国能电力工程有限公司与陕西神雾电力设计有限公司、北京神雾电力科技有限公司建设工程施工合同纠纷案[(2018)兵0701民初598号]

裁判要旨：招标人可以依法对工程以及与工程建设有关的货物、服务全部或者部分实行总承包招标。以暂估价形式包括在总承包范围内的工程、货物、服务属于依法必须进行招标的项目范围且达到国家规定规模标准的，应当依法进行招标。

【法院裁判】法院认为，该案立案时确定的案由为建设工程施工合同纠纷，由于诉讼过程中，原告中机国能电力工程有限公司(以下简称中机国能公司)增加确认合同无效诉讼请求，经审理该案案由应确定为确认合同无效纠纷。

《招标投标法实施条例》第二十九条第一款规定：“招标人可以依法对工程以及与工程建设有关的货物、服务全部或者部分实行总承包招标。以暂估价形式包括在总承包范围内的工程、货物、服务属于依法必须进行招标的项目范围且达到国家规定规模标准的，应当依法进行招标。”该案原告中机国能公司作为第七师五五工业园区2×350MW热电联产项目EPC总承包人，将其总承包范围内的燃煤系统工程再分包，该分包合同工程属于关系社会公共利益基础设施的电力项目，合同价值达25961万元，根据《招标投标法》及《工程建设项目招标范围和规模标准规定》①,必须进行招标。对必须进行招标的分包建设工程项目未经招标,原、被告双方签订的该燃煤系统工程分包合同应属无效。合同无效后,因该合同取得的财产,应当予以返还;不能返还或者没有必要返还的应当折价补偿,双方都有过错的,应当各自承担相应的责任。可见,合同无效后,双方虽不再继续履行合同义务,但还须履行法定义务。原告主张终止履行,未明确履行的内容,且无法律规定,法院不予支持。

55 提供科研等前期服务的单位是否可以参与工程总承包项目的投标?

答:对于必须招标项目,若招标人未公开已经完成的初步设计等文件可能影响招标公平、公正性的前期成果,提供前期咨询服务的单位参加工程总承包项目投标,很可能会损害国家利益,其不能参与投标,但招标人公开了已经完成的初步设计等文件的,前期提供咨询服务的单位可以参加投标。对于非必须招标的项目,提供前期咨询服务的单位可以参与投标。

《房屋建筑和市政基础设施项目工程总承包管理办法》第十一条规定:"工程总承包单位不得是工程总承包项目的代建单位、项目管理单位、监理单位、造价咨询单位、招标代理单位。政府投资项目的项目建议书、可行性研究报告、初步设计文件编制单位及其评估单位,一般不得成为该项目的工程总承包单位。政府投资项目招标人公开已经完成的项目建议书、可行性研究报告、初步设计文件的,上述单位可以参与该工程总承包项目的投标,经依法评标、定标,成为

① 已被《国务院关于〈必须招标的工程项目规定〉的批复》废止。现行有效规定为2018年3月27日发布的《必须招标的工程项目规定》第四条:"不属于本规定第二条、第三条规定情形的大型基础设施、公用事业等关系社会公共利益、公众安全的项目,必须招标的具体范围由国务院发展改革部门会同国务院有关部门按照确有必要、严格限定的原则制订,报国务院批准。"第五条:"本规定第二条至第四条规定范围内的项目,其勘察、设计、施工、监理以及与工程建设有关的重要设备、材料等的采购达到下列标准之一的,必须招标:(一)施工单项合同估算价在400万元人民币以上;(二)重要设备、材料等货物的采购,单项合同估算价在200万元人民币以上;(三)勘察、设计、监理等服务的采购,单项合同估算价在100万元人民币以上。同一项目中可以合并进行的勘察、设计、施工、监理以及与工程建设有关的重要设备、材料等的采购,合同估算价合计达到前款规定标准的,必须招标。"

工程总承包单位。”根据该条规定，对于强制招标项目，前期咨询单位是否可以参与投标，取决于前期咨询成果招标人是否已经公开，若公开则可以投标，若不公开，则不能参与投标。由此可见，《房屋建筑和市政基础设施项目工程总承包管理办法》并非一律禁止前期咨询单位参与投标。之所以如此规定，主要是因为全面禁止前期咨询单位参与该工程总承包项目的投标，不利用工程总承包模式的推广，而不加区分地允许前期咨询单位参加工程总承包项目的投标又容易造成不公平的竞争后果和引发道德风险。仔细分析这两种方式的弊端可以发现，道德风险主要存在于必须招标项目，而不公平的竞争可以通过信息披露的方式加以克服。因此对于必须招标的项目，招标人公开了前期咨询成果，则前期咨询单位没有信息优势可言，允许他们投标不损害招标的公正性和公平性，前期咨询单位可以参与投标。对于非强制招标项目而言即便不公开前期咨询成果，前期咨询单位也可以参与招标。

【案例】河北东阳建筑劳务分包有限公司、河北建工集团装饰工程有限公司建设工程设计合同纠纷案［（2018）冀01民终1615号］

裁判要旨：深圳市三鑫科技发展有限公司（以下简称三鑫公司）在为案涉工程提供设计的同时，又中标了案涉工程的施工有违《工程建设项目施工招标投标办法》第三十五条的规定（书中引用条文为：《房屋建筑和市政基础设施项目工程总承包管理办法》第十一条），故案涉工程的招、投标存在投标人与招标人串通投标、进而构成犯罪的嫌疑。

【法院裁判】一审法院认为［（2017）冀0102民初282号］，被告河北建工集团装饰工程有限公司（以下简称建工装饰公司）称将其中标的工程设计工作交由第三人三鑫公司实际实施，然后第三人三鑫公司又投标了其进行幕墙设计的工程的施工并已中标。被告建工装饰公司明知其已将乙方中标的案涉工程设计工作将由第三人完成，却仍然由第三人三鑫公司中标案涉工程。《工程建设项目施工招标投标办法》第三十五条规定：投标人是响应招标、参加投标竞争的法人或者其他组织。招标人的任何不具独立法人资格的附属机构(单位),或者为招标项目的前期准备或者监理工作提供设计、咨询服务的任何法人及其任何附属机构(单位),都无资格参加该招标项目的投标。经查,该案涉工程的招标单位河北建工集团有限责任公司与被告建工装饰公司有关联关系,按照被告和第三人的主张,三鑫公司为案涉工程提供设计的同时,又中标了案涉工程的施工,故案涉工程的招、投标存在投标人与招标人串通投标、进而构成犯罪的嫌疑。故该案不属于人民法院受理民事案件的范围,对原告和第三人的起诉,应当驳回。综上所述,依照《民事诉讼法》第一百一十九条[①],《最高人民法院关于在审理经济纠纷案件中涉及经济犯罪嫌疑若干问题的规定》第十一条[②]的规定,法院裁定如下:驳回原告河北东阳建筑劳务分包有限公司和第三人三鑫公司的起诉。

二审法院认为,该案中案涉工程的招标单位为河北建工集团有限责任公司,与被上诉人建工装饰公司有关联关系,另按照原审期间原审被告建工装饰公司和原审第三人三鑫公司的陈述,三鑫公司在为案涉工程提供设计的同时,又中标了案涉工程的施工,有违《工程建设项目施工招标投标办法》的规定,故案涉工程的招、投标存在投标人与招标人串通投标、进而构成犯罪的嫌疑。

56 哪些情形下的投标无效?

答:《招标投标法》只规定中标无效,但没有规定投标无效,《招标投标法实施条例》增加规定了投标无效,这样规定一方面可以进一步明确相关投标的法律后果,减少纠纷;另一方面便于招标活动当事人及时采取相应措施,进而提高招投标效率。这里所谓的投标无效是指自始无效,只要存在条例规定的限制投标情形,不论何时发现,相关投标均应做无效处理。具体来说,在评标时,评标

① 《民事诉讼法》(2023 年修正)为第一百二十二条。

② 《最高人民法院关于在审理经济纠纷案件中涉及经济犯罪嫌疑若干问题的规定》(2020 年修正)仍为第十一条。

委员会应当否决其投标；中标公示后，招标人应当取消其中标资格；合同签订后，相关合同无效，应当恢复原状，不能恢复原状的中标人应当赔偿因此造成的损失。《招标投标法实施条例》规定了哪些限制投标情形呢？对此笔者梳理归纳了以下情形，在这些情形下不得同时参加同一招标项目的投标：(1)与招标人存在利害关系，可能影响招标公正性的；(2)单位负责人为同一人；(3)存在控股或管理关系的不同单位；(4)招标代理机构不得在所代理的招标项目中投标；(5)接受委托编制标底的中介机构不得参加受委托编制标底的招标项目的投标；(6)联合体各方不得对同一招标项目分别以各自名义投标；(7)投标人不具备资格预审文件、招标文件规定的资格条件或者其投标影响公正性的；(8)为必须招标的工程总承包项目提供前期咨询服务的单位，且前期咨询成果未公开的。

【案例】广东浩元环保科技发展有限公司、喀什市浩元环保科技有限公司等建设工程施工合同纠纷案[(2023)新31民终396号]

裁判要旨：招标人接受联合体投标并进行资格预审的，联合体应当在提交资格预审申请文件前组成。资格预审后联合体增减、更换成员的，其投标无效。

【法院裁判】法院认为，关于案涉合同效力的认定问题，《招标投标法实施条例》第三十七条第二款规定："招标人接受联合体投标并进行资格预审的，联合体应当在提交资格预审申请文件前组成。资格预审后联合体增减、更换成员的，其投标无效。"该案案涉项目由广西五鸿建设集团有限公司（以下简称五鸿公司）、广东浩元环保科技发展有限公司（以下简称广东浩元公司）、华西公司组成的联合体中标，后五鸿公司退出更换为喀什新隆公司重新签订合同，该投标因联合体更换成员无效，喀什市供排水总公司、广东浩元公司、华西公司、喀什新隆公司2012年12月21日签订的《BT合同书》应认定无效。广东浩元公司将案涉项目交由其子公司喀什市浩元环保科技有限公司（以下简称喀什浩元公司）负责实施，喀什浩元公司并无建筑工程施工资质，其与喀什新隆公司签订的

《建设工程施工合同》也应认定为无效。虽上述合同无效,但现案涉工程经竣工验收并交付使用,喀什新隆公司有权参照合同约定主张工程价款。

57 招标人是否有权拒绝联合体投标?

答:招标人有权决定是否接受联合体投标。《招标投标法实施条例》第三十七条第一款规定:"招标人应当在资格预审公告、招标公告或者投标邀请书中载明是否接受联合体投标。"根据该款规定,是否接受联合体投标由招标人自己决定,只是招标人需要在资格预审公告、招标公告或者投标邀请书中载明。一些大型复杂项目对投标人的资格能力要求较高,能够满足要求的潜在投标人较少,具备一定资格能力的潜在投标人只有组成联合体,才具备参与竞争的条件。为保证充分竞争,招标人有必要对潜在投标人进行调查摸底,如果市场上单个潜在投标人的数量能够引起竞争,且单个潜在投标人具备独立承担招标项目的能力,可以不接受联合体投标,以防止潜在投标人利用联合体的形式降低竞争效果。如果单个潜在投标人不具备承担招标项目的能力,或者不容易引起竞争,则应允许联合体投标。但无论何种情形,招标人不得通过限制或强制组成联合体而排斥潜在投标人、造成招标失败而规避招标。

招标公告或招标邀请书应当载明是否允许联合体投标,这一要求反映了招标投标活动应当遵循公开原则。公开招标的项目,在招标公告或资格预审公告中载明是否接受联合体投标,以便有意参加投标的潜在投标人能够综合招标项目的具体要求和自身能力,有足够时间决定是否投标以及是否与其他潜在投标人组成联合体参与投标。邀请招标的项目,为了防止被邀请的潜在投标人组成联合体造成不公平或者不充分竞争,甚至可能导致招标失败,投标邀请书也应当载明是否接受联合体投标。如接受,被邀请的潜在投标人应当在收到投标邀请书后,按照投标邀请书的要求以书面形式确认是否组成联合体,以及联合体的组成情况,以便招标人事先掌握有关信息,决定是否需要补充邀请其他潜在投标人,以保证竞争充分性,避免提交投标文件的投标人少于三人而导致招标失败。

【案例】贵州省冶金建设公司、四川省冶金设计研究院与四川华硅冶金设备有限公司等建设工程合同纠纷案[(2018)川民终579号]

裁判要旨:联合体牵头人根据联合投标协议书的授权与招标人签订总承包合同,代表的是联合体的共同意思表示,该合同对其他成员具有法律约束力,其他成员对中标无效、合同无效亦应承担连带责任。

【法院裁判】四川省高级人民法院认为,该案诉讼期间,贵州省冶金建设公司(以下简称贵冶公司)向四川省成都市武侯区人民法院提起确认该案所涉2011年1月23日四川华硅冶金设备有限公司(以下简称华硅公司)、贵冶公司、四川省冶金设计研究院(以下简称川冶设计院)三方签订的《联合体协议书》无效的民事诉讼,该案经四川省成都市武侯区人民法院审理确认《联合体协议书》有效,四川省成都市中级人民法院对贵冶公司提起的上诉作出了(2016)川01民终4144号终审判决,裁判结果为驳回上诉,维持原判。故发生法律效力的裁判已经确认华硅公司、贵冶公司、川冶设计院三方签订的《联合体协议书》有效。而该协议明确载明:"1.四川华硅冶金设备有限公司为德铁公司环保技改搬迁项目总承包联合体的牵头人。2.联合体牵头人合法代表联合体各成员负责本招标项目投标文件编制和合同谈判活动,并代表联合体提交和接收相关资料、信息及指示,并处理与之有关的一切事务,负责合同实施阶段的主办、组织和协调工作。3.联合体将严格按照招标文件的各项要求,递交投标文件,履行合同,并对外承担连带责任。4.联合体各成员单位内部职责分工如下:1)华硅公司总体负责项目的合同签订、工程实施、工程管理及投产试生产等所有总承包工作。2)川冶设计院负责项目的施工图设计及现场技术服务工作。3)贵冶公司负责项目的建筑、结构施工及机电设备安装调试工作。5.本协议自签署之日起生效,合同履行完毕后自动失效。"对于总包合同和分包合同的效力问题,根据该案已查明事实以及另案生效判决认定事实,华硅公司、贵冶公司、川冶设计院组成的联合体属于不具有案涉工程项目联合投标资格的"联合体",该案招投标行为也不符合《招标投标法》的规定,故该案联合体的投标、中标行为当属无效。但即使案涉工程投标、中标无效,华硅公司根据《联合体协议书》的授权与德铁公司签订的《总承包合同》，其代表的是联合体的共同意思表示，华硅公司通过招投标程序与德铁公司签订《总承包合同》，是代表联合体进行投标、缔约的行为。同时，结合德铁公司于2011年1月24日向“华硅公司（牵头人）川冶设计院（成员单位）、贵冶公司（成员单位）组成的联合体”出具中标通知书的事实，表明作为合同相对方的德铁公司对华硅公司投标、缔约系代表联合体的事实也是知晓的。贵冶公司、川冶设计院作为参与联合体的主体单位，在向德铁公司提交投标文件及《联合体协议书》后，即表示接受对华硅公司因案涉工程对外签订合同等履行投标内容的行为承担法律责任。因此，尽管该案投标、中标行为无效，由华硅公司单方与招标人德铁公司签订的《总承包合同》无效，但依据《联合体协议书》的约定，《总承包合同》的承包方应当是华硅公司、川冶设计院、贵冶公司三方当事人，故《总承包合同》无效的法律后果应当由华硅公司、川冶设计院、贵冶公司三方承担。

58 联合体的组成可以改变吗？

答：通过资格预审后的联合体组成不得改变。

《招标投标法实施条例》第三十七条第二款规定：“招标人接受联合体投标并进行资格预审的，联合体应当在提交资格预审申请文件前组成。资格预审后联合体增减、更换成员的，其投标无效。”由此可见，资格预审后联合体成员不得增减、更换，增减、更换联合体成员的，其投标无效。条例之所以如此规定，是考虑到资格预审后，联合体成员的更换、增减，有可能影响联合体的资格条件和履约能力，也可能影响招标公正性，根据《招标投标法实施条例》第三十八条的规定，其投标也应当无效。究其原因：一是联合体组成人员发生变化后构成新的联合体，不再是提交资格预审申请人的联合体，如果允许其投标，资格预审将失去意义。二是允许联合体成员变化将为不正当竞争提供方便，使公平竞争失去保障。需要强调的是，联合体成员发生变化，联合体投标人应当按照《招标投标法实施条例》第三十八条的规定，及时书面告知招标人。

【案例】南京龙源环保有限公司与江苏源汇环境工程有限公司、中国石油天然气股份有限公司玉门油田分公司、南京利郎科技有限公司建设工程施工合同纠纷案[(2017)甘民申597号]

裁判要旨:联合体牵头人履行中标合同过程中产生的债务,应当由联合体组成成员各方共同承担。

【法院裁判】甘肃省高级人民法院经审查认为,申请人南京龙源环保有限公司(以下简称南京龙源公司)与原审被告南京利郎科技有限公司(以下简称南京利郎公司)组成联合体"利郎龙源",共同投标原审被告中国石油天然气股份有限公司玉门油田分公司(以下简称玉门油田分公司)酒东产能建设地面工程,为顺利完成施工投标并争取赢得工程,双方签订的《联合体协议书》约定:南京利郎公司为"利郎龙源"牵头人;联合体中标后,联合体牵头人负责合同订立和合同实施阶段的主办、组织和协调工作;联合体将严格按照招标文件的各项要求,递交投标文件,履行投标义务和中标后的合同,共同承担合同规定的一切义务和责任,联合体各成员单位按照内部职责的部分,承担各自所负的责任和风险,并向招标人承担连带责任。后南京龙源公司、南京利郎公司组成的联合体就所投标工程中标,双方又共同与玉门油田分公司签订了《建设工程分包合同》。依据《招标投标法》第三十一条第一款"两个以上法人或者其他组织可以组成一个联合体,以一个投标人的身份共同投标"、第三款"联合体各方应当签订共同投标协议,明确约定各方拟承担的工作和责任,并将共同投标协议连同投标文件一并提交招标人。联合体中标的,联合体各方应当共同与招标人签订合同,就中标项目向招标人承担连带责任"及《建筑法》第二十七条第一款"大型建筑工程或者结构复杂的建筑工程,可以由两个以上的承包单位联合共同承包。共同承包的各方对承包合同的履行承担连带费任"的规定,以及双方《联合体协议书》的约定,南京龙源公司与南京利郎公司应当就所施工工程对发包人玉门油田分公司承担连带责任。但该案的焦点问题是南京龙源公司是否应当对联合体牵头人南京利郎公司施工中欠付被申请人江苏源汇公司的工程款承担赔偿责任。

南京龙源公司与南京利郎公司组成的联合体中标后,南京利郎公司作为联合体“利郎龙源”牵头人进行具体施工,南京龙源公司负责工程项目的技术服务和技术支持。为了完成施工工程,南京利郎公司与江苏源汇公司签订《工程合同》,由江苏源汇公司为工程所需供应并安装水处理设备,并约定江苏源汇公司严格按照设计图纸进行施工。《工程合同》签订后,江苏源汇公司依据双方约定供应设备,并进行了工程施工,但其部分工程款,南京利郎公司未予支付。依据合同相对性原则,《工程合同》约束的是合同的双方,即南京利郎公司与江苏源汇公司。但是,虽然南京龙源公司与南京利郎公司在其他民事活动中,主体地位独立,而在其共同组成的联合体工程施工行为中,主体难以绝对独立。南京利郎公司系“利郎龙源”联合体的牵头人、具体施工人,南京利郎公司因中标施工工程产生的债务承担主体为“利郎龙源”联合体,但“利郎龙源”联合体并不具备法人的主体身份,其没有独立承担民事责任的行为能力。依据《民法通则》第五十二条“企业之间或者企业、事业单位之间联营,共同经营、不具备法人条件的,由联营各方按照出资比例或者协议的约定,以各自所有的或者经营管理的财产承担民事责任。依照法律的规定或者协议的约定负连带责任的,承担连带责任”①的规定,并参照南京龙源公司与南京利郎公司签订的《联合体协议书》中对招标人承担连带责任的约定,南京龙源公司与南京利郎公司对其组成联合体后中标并具体施工的工程中产生的债务,应当由联合体“利郎龙源”组成成员各方共同承担。也就是说,虽然涉案《工程合同》的当事人双方为南京利郎公司与江苏源汇公司,但由于南京利郎公司系联合体“利郎龙源”的牵头人,《工程合同》的实际权利义务主体为“利郎龙源”联合体及江苏源汇公司。由于“利郎龙源”联合体成员为南京龙源公司与南京利郎公司,对江苏源汇公司主张的工程款,应当由南京龙源公司与南京利郎公司共同偿付。

---

① 2021年1月1日《民法典》生效,《民法通则》废止,《民法典》中现无此规定。

59 联合体投标应满足哪些法定要求?

答:联合体投标需满足以下法定要求:

1. 两个或两个以上法人或其他组织可以组成一个联合体投标,但招标人不得强制潜在投标人组成联合体投标;

2. 联合体成员应当签订联合体投标协议;

3. 联合体成员应当具备承担招标项目所需的相应资格条件和能力,即应具备满足联合体协议约定的成员分工所应具备的资格能力;

4. 鼓励"强强联合"即联合体协议约定同一专业分工由两个及两个以上单位共同实施承担的,按照就低不就高的原则确定联合体的资质,不同专业分工由不同单位分别实施的,按照各自的专业确定联合体的资质,业绩的考核按照其专业分别计算。

【案例】武汉大禹阀门股份有限公司与浙江省发展和改革委员会、浙江省人民政府等行政处罚纠纷案[(2019)浙01行初3号]

裁判要旨:联合体成员在招标投标活动中存在违法行为的,其他成员亦连带承担责任。

【法院裁判】杭州市中级人民法院认为,经各方确认,对武汉亚美公司在案涉招投标过程中提供的《"安徽省舒城县黄河水电总站"购销合同》系虚假业绩材料的事实均无异议。因该合同直接关系投标人的投标资格,该行为构成了以其他方式弄虚作假,骗取中标的行为,应当予以行政处罚。该案的核心争议在于,武汉大禹阀门股份有限公司(以下简称武汉大禹公司)作为联合体牵头人,应否一并予以处罚。就该问题,法院以为,组成联合体投标意味着成员单位可以同一投标主体的身份参与招投标。该组合形式的动因在于,各成员之间可通过共享优势资源,弥补各自技术力量的相对不足,以达到增强投标竞争能力等目的。各成员既通过组成联合体之方式享有相关权益,就应承担成员的相应义务,互相督促依法依规参加招投标活动。联合体的牵头人更是负有审慎行为之义务。具体到该案,武汉大禹公司通过与武汉亚美公司组成联合体的方式，弥补了自身在常规蝶阀及其附属设备制造领域的相对不足。作为联合体牵头人，武汉大禹公司将武汉亚美公司的虚假业绩证明材料予以递交，并在材料上加盖了本公司印章。该业绩证明又是联合体投标人提交的证明具有公称直径≥2.4米的蝶阀制造业绩的唯一材料。故对于案涉违法行为的发生，武汉大禹公司至少在客观上发挥了助推作用。作为未尽审慎职责的联合体牵头人，其辩称自己不应承担行政责任的主张不能成立。浙江省发展和改革委员会（以下简称浙江省发改委）经调查，对作为牵头人的武汉大禹公司和直接实施违法行为的武汉亚美公司并处以行政处罚，并无不当之处。处罚金额方面，因案涉中标项目金额为2388万元，浙江省发改委决定对武汉大禹公司与武汉亚美公司处119400元罚款，在法定的千分之五以上千分之十以下的范围内。浙江省人民政府经复议，作出维持的复议决定，实体结论亦无不当。

60 不具备任何工程资质的单位可以成为联合体成员吗？

答：不具备任何工程资质的单位仍可以作为联合体成员参与工程总承包项目投标。理由如下：

1. 按照联合体专业分工确定资质符合法律规定。

《招标投标法》第三十一条第二款中规定，“联合体各方均应当具备规定的相应资格条件”，这并不是指所有成员都必须具备所有资格条件，而是要求联合体成员应具备满足联合体协议约定的成员分工所需的资格条件，否则组成联合体投标就没有实际意义了。

另外，《招标投标法》第三十一条第二款中规定，“由同一专业的单位组成的联合体，按照资质等级较低的单位确定资质等级”。由此可见，如果按照联合体协议分工，成员不承担相同工作，那么联合体一方的其他资质不应影响对联合体整体及其他成员方资质的认定。因此不具有任何资质的设备采购方依据其联合体分工完成其采购工作，并不违背现有对资质要求的强制性规定，也就不会对工程总承包合同的效力产生影响。

2. 有利于提升联合体的合同履行能力，加大联合体对工程总承包发包方的履约保障。

在符合法律政策规定及发包人招标文件要求的情况下，联合体间遵循“风险共担、利益共享”原则，通过资源与专业优势的整合，最终实现互利互惠共赢的终极目标。在国家现有资质强制管制模式下，在具有相应资质的设计、施工单位共同完成的专业前提下，增加无资质的采购单位作为联合体，并由联合体对合同的履行向发包方承担连带责任，既提升了联合体的履约能力，也加大了联合体对发包方的履约保障。

虽然如此，在工程总承包合同的履行过程中，仍需注意，没有资质的联合体成员不得实际从事需要资质的工程设计或施工工作，低资质的联合体成员也不得超越资质从事相关工作。

【案例】中节能嘉兴建筑能源有限公司、嘉兴市秀湖发展投资集团有限公司等合同纠纷案[（2023）浙04民终1434号]

裁判要旨：联合体中的某一成员不具备招标文件要求的所有资质，但其余联合体成员具备相应分工所需资质要求的，招投、中标行为有效。

【法院裁判】嘉兴市中级人民法院认为，联合体招标的功能之一在于优势互补，在联合体内部明确划分联合体各成员职能范围的情况下，以各职能范围所需资质要求联合体中的相关成员达到相应资格，符合《招标投标法》第三十一条第二款之规定。中节能嘉兴建筑能源有限公司（以下简称中节能公司）和巨匠公司在《联合体投标协议书》中明确约定，巨匠公司负责合同范围内的工程设计施工竣工事宜，中节能公司负责合同范围内的后期运营维保事宜。基于此，巨匠公司具有综合资质甲级或建筑行业甲级资质，并可从事上述资质许可范围内相应的建设工程总承包业务以及项目管理和相关的技术与管理服务，而中节能公司营业执照内具有“集中供冷供热”等相关经营范围，两公司组成的联合体整体符合招标文件3.1.1条关于投标人的资格要求。中节能公司以巨匠公司不符合招标文件资格要求为由主张中标通知书无效，法院不予支持。因此，巨匠公司和中节能公司的联合体符合嘉兴市秀湖发展投资集团有限公司招标资格要求,案涉招标活动及中标通知书合法有效。

61 如何确定联合体的投标资质?

答:《建筑法》第二十七条规定:"大型建筑工程或者结构复杂的建筑工程,可以由两个以上的承包单位联合共同承包。共同承包的各方对承包合同的履行承担连带责任。两个以上不同资质等级的单位实行联合共同承包的,应当按照资质等级低的单位的业务许可范围承揽工程。"

《招标投标法》第三十一条第二款规定:"联合体各方均应当具备承担招标项目的相应能力;国家有关规定或者招标文件对投标人资格条件有规定的,联合体各方均应当具备规定的相应资格条件。由同一专业的单位组成的联合体,按照资质等级较低的单位确定资质等级。"

根据上述规定,《建筑法》《招标投标法》明确规定了联合体等级的确定原则,即"针对同一专业,依据资质低的单位确定联合体的承包范围及资质"。需要注意的是,资质认定的"就低原则"适用于联合体各方的资质属于同一专业且按照联合体分工承担相同工作的情形,当联合体各方的资质属于不同专业或者按照联合体分工承担不同工作时,则不适用,否则将会造成认定上的错误。

联合体资质等级不应简单地以同一专业按照资质较低的等级来确定,联合体投标的原则是鼓励"强强联合",即联合体协议约定同一专业分工由两个或两个以上联合体成员共同完成的,按照"就低不就高"的原则来确定联合体的资质等级,但联合体协议约定不同专业分工由不同单位分别承担完成的,按照各自的专业资质确定联合体资质等级。因此,在判断联合体资质时,关键应以共同投标协议中明确的各自分工来判断联合体的资质及等级是否满足要求。同时,在联合体本身符合工程总承包项目资质要求的情况下,对于当事人一方以联合体成员一方没有资质为由要求确认工程总承包合同无效的请求,不予支持。

【案例】贵州省冶金建设公司、四川省冶金设计研究院等建设工程施工合同纠纷案[(2015)川民终字第664号]

裁判要旨:联合体各方均应当具备承担招标项目的相应能力;国家有关规定或者招标文件对投标人资格条件有规定的,联合体各方均应当具备规定的相应资格条件。

【法院裁判】四川省成都市中级人民法院认为,关于"联合体"投标、中标效力问题,基于该案事实,德铁公司就案涉工程既然选择了招标投标方式,就应当严格按照《招标投标法》的规定运作。虽然《联合体协议书》有效,是四川华硅冶金设备有限公司(以下简称华硅公司)、四川省冶金设计研究院(以下简称川冶设计院)、贵州省冶金建设公司(以下简称贵冶公司)自愿组成"联合体"就该案工程进行联合投标的真实意思表示,但能否合法中标非"联合体"成员意志能够决定,因此,由于华硅公司不符合参与该案工程联合投标的主体资格,招标人德铁公司在审查"联合体"成员资格时应当知晓这一事实。根据德铁公司终止与川冶设计院已经签订并部分履行的案涉工程的设计合同,要求其参与"联合体"重新"投标",以及要求华硅公司、贵冶公司组成的联合投标必须委托川冶设计院进行设计等实际运作事实,案涉工程的投标、中标均违反《招标投标法》的禁止性规定。根据《招标投标法》第三十一条第二款"联合体各方均应当具备承担招标项目的相应能力;国家有关规定或者招标文件对投标人资格条件有规定的,联合体各方均应当具备规定的相应资格条件。由同一专业的单位组成的联合体,按照资质等级较低的单位确定资质等级"的规定,华硅公司、贵冶公司、川冶设计院组成的联合体属于不具有案涉工程项目联合投标资格的"联合体"。从该案招投标过程来看,该案招投标行为也不符合《招标投标法》的规定,《招标投标法》第三十一条第三款规定:"联合体各方应当签订共同投标协议,明确约定各方拟承担的工作和责任,并将共同投标协议连同投标文件一并提交招标人。联合体中标的,联合体各方应当共同与招标人签订合同,就中标项目向招标人承担连带责任。"该案招标人德铁公司在已经与川冶设计院签订案涉工程设计合同,并已履行了部分设计义务后,要求采用联合招标方式再将设计工作纳入联合招标内容,并且要求川冶设计院加入“联合体”。同时,在德铁公司认可“联合体”主体资格的情况下,确认“联合体”中标,但仅与“联合体”的牵头人华硅公司签订《总承包合同》。华硅公司既不具有建筑施工资质,也不具有参与该案工程组成联合体的主体资格。对于华硅公司的主体资质,以及《招标投标法》对联合体投标方式的具体规定,作为招标人德铁公司应当是明知的。故贵冶公司、川冶设计院上诉主张案涉工程的投标、中标违反《招标投标法》第三十一条的规定的理由成立,该案“联合体”投标、中标均违反了《招标投标法》的规定,其投标、中标行为当属无效。

62 联合体成员可以在同一招标项目中单独投标吗?

答:联合体成员不得在同一招标项目中单独以自己名义投标。

《招标投标法实施条例》第三十七第三款规定,“联合体各方在同一招标项目中以自己名义单独投标或者参加其他联合体投标的,相关投标均无效”。由此可见,联合体成员以自己的名义在同一招标项目中投标的,联合体和联合体成员的投标均无效。联合体成员又加入其他联合体,在同一招标项目中投标的,有该成员参加的所有联合体投标均无效。本条之所以如此规定,旨在避免投标人滥用联合体,以多重身份参与投标,导致不公平竞争。需要说明的是,本条禁止的是同一招标项目,若项目划分不同标段,禁止的是同一标段投标,而并不禁止联合体成员在其他标段投标。

【案例】胡某龙与廖某升、湖南通隆建设工程有限公司合伙协议纠纷案[(2019)湘04民终289号]

裁判要旨:联合体各方在同一招标项目中以自己名义单独投标或者参加其他联合体投标的,其投标无效。

【法院裁判】湖南省常宁市人民法院认为,《招标投标法实施条例》第三十七条第三款规定,“联合体各方在同一招标项目中以自己名义单独投标或者参加其他联合体投标的，相关投标均无效”，该案中，廖某升与胡某龙组织包括湖南通隆建设工程有限公司（以下简称湖南通隆公司）在内共14家公司的联合体参加茂家烟站工程项目的投标，投标保证金均由彭某君62170029501××××××××账户转出，属于串标，行为违反了法律的禁止性规定。中标后，廖某升与胡某龙挂靠湖南通隆公司实际施工，其行为亦违反了法律的禁止性规定。因此，湖南通隆公司与湖南省烟草公司永州市公司签订永州市烟草公司新田县分公司茂家烟草站改建的施工合同属无效合同，对合同当事人没有约束力。违反法律法规的相关合同当事人，由相关行政管理部门依法予以行政处罚。

63 投标人发生合并、分立、破产等重大变化的，该如何处理？

答：投标人发生合并、分立、破产等重大变化的应及时书面告知招标人，招标人收到投标人的书面告知后，根据不同招标阶段作出相应处理。

《招标投标法实施条例》第三十八条规定，“投标人发生合并、分立、破产等重大变化的，应当及时书面告知招标人。投标人不再具备资格预审文件、招标文件规定的资格条件或者其投标影响招标公正性的，其投标无效”。

通过该规定可以看出，《招标投标法实施条例》规定了投标人重大变化的告知义务。该告知义务在不同的招标阶段由不同的主体履行，在资格预审文件提交前到资格预审结束前，由提交资格预审文件申请人告知；在资格预审结束后和提交投标文件截止时间前履行告知义务的是通过资格预审的申请人，招标人收到通过资格预审申请人的告知后，可以通过复核确认是否需要邀请其他参与资格预审的潜在投标人投标，以保证竞争的充分性。在提交投标文件截止时间后履行告知义务的主体是投标人，招标人收到投标人告知的重大变化后，及时告知评标委员会，由评标委员会依据资格预审文件或招标文件对投标人的资格条件进行复核，并对是否影响招标公正性进行评估。评标结束后投标人发生重大变化的，招标人可以根据《招标投标法实施条例》第五十六条规定，尽快组织评标委员会根据资格预审文件或招标文件，对中标候选人的履约能力进行审查，依法维持原评标结果或重新确定中标人。

【案例】昆明善治经贸有限公司与晋宁县财政局其他行政案[(2016)云0122行初1号]

裁判要旨:投标人发生重大变化应当告知招标人,由评标委员会依据资格预审文件或招标文件对投标人的资格条件进行复核。

【法院裁判】昆明市晋宁区人民法院认为,从审理查明的事实可以看出,2015年8月7日晋宁善治公司变更为昆明善治经贸有限公司(以下简称昆明善治公司),法定代表人由陈某楠变更为郝某,经营范围增加,并办理了工商变更登记。法院认为,晋宁善治公司的名称、法定代表人、经营范围均发生了改变,自工商登记变更之日起,晋宁善治公司作为独立法人已不存在,无民事权利能力,昆明善治公司作为独立法人对其作出的行为承担法律责任,二者不能混淆,二者为不同的主体。原告加盖晋宁善治公司的公章并加盖其法定代表人陈某楠的印章对外而言代表的是晋宁善治公司的行为,并且投标时原告又使用晋宁善治公司的CA,对不特定第三人而言有理由相信该次的投标主体是晋宁善治公司而不是昆明善治公司。投标时原告以晋宁善治公司的名义投标,与其提交的主体证明资料不一致,在未有其他证据证明的情况下,评标委员会不能认定原告的投标主体资格合法、合理。招投标活动体现的是公平、公正、公开,评标委员会在不能确定原告投标主体资格的情况下,宣布其为废标,并予以公开公布,正体现了对其他投标主体的公平、公正。

64 投标人发生分立、合并、破产等重大变化可能影响资格条件和招标公正性的投标如何处理?

答:投标人发生分立、合并、破产等重大变化可能影响资格条件和招标公正性的投标无效。

《招标投标法实施条例》第三十八条中规定,“投标人不再具备资格预审文件、招标文件规定的资格条件或者其投标影响招标公正性的,其投标无效”。投标人发生分立、合并、破产等重大变化可能影响资格条件和招标公正性的,按无效投标处理。

通过资格预审的申请人或投标发生本条规定的重大变化，是否影响其资格条件，应当由招标人组织资格审查委员会（限于国有资金占控股或主导地位的依法必须招标的项目）或者评标委员会进行评审并作出认定，资格审查委员会或者评标委员会应当根据资格预审文件（已进行资格预审的）或者招标文件（未进行资格预审的）规定的标准进行复核，既不能降低也不能提高审查标准，否则不公平。资格复核不合格的投标无效包括两层意思：一是采用资格预审方式的，投标人在提交投标文件前发生本条规定的重大变化，资格复核不合格的，该投标人失去投标资格。二是已经提交了投标文件的投标人，在确定中标前发生可能影响资格条件的重大变化，经复核确认后其投标无效。

发生本条规定的重大变化，即便资格复核合规但影响招标公正性的，其投标也无效。因重大变化影响招标公正性的情形主要有：（1）投标人与受委托编制该招标项目标底的中介机构、招标代理机构或者参与该项目设计咨询的其他机构合并；（2）投标人被招标人收购成为招标人子公司的；（3）以有限数量制进行资格预审的，投标人发生分立后虽仍符合资格预审文件的要求，但其资格条件降低至与因择优而未能通过资格预审的其他申请人相同或更低，等等。上述重大变化是否影响招标公正性应当区分招标阶段分别由资格审查委员会和评标委员会进行评判。

综上，投标人发生分立、合并、破产等重大变化，只要导致不具备资格预审文件或招标文件规定的资格条件，或影响招标公正性，其投标就无效。需要说明的是，影响资格条件与影响招标公正性不需要齐备，只要出现一种情形，其投标就是无效的。

【案例】无锡市华星电力环保修造有限公司与南阳首创环境科技有限公司招标投标买卖合同纠纷案［（2019）豫1302民初6110号］

裁判要旨：投标人发生分立、合并、破产等重大变化，导致不具备资格预审文件或招标文件规定的资格条件，其投标无效。

【法院裁判】南阳市宛城区人民法院认为，依照招标、投标规则，投标人应提交如实反映自身企业状况的投标文件，而该案中，原告在本次投标前虽曾经经营该案原告的招标项目，但原告所经营的企业已于2016年2月2日分立为两个企业，即无锡市华星电力环保修造有限公司、无锡市华星东方电力环保科技有限公司，依据两公司的工商登记及无锡市华星电力环保修造有限公司2016年2月2日的《股东会决议》，两公司于2016年3月18日就业务分割达成业务分割约定，且原告股东吴某伦、刘某姣、无锡市华星东方电力环保科技有限公司提供了关于华星东方与华星电力渊源的情况说明，上述证据均显示企业分立后原告无锡市华星电力环保修造有限公司不具备承揽垃圾焚烧业务项目的资格条件；在投标过程中，原告方所提供的资料系企业未分立前资料，现已不符合被告招标文件中关于投标人资格的条件，故原告中标后，被告经复查原告不具备招标条件，通知评标机构决定废标且未与原告签订合同，符合法律规定，故原告要求被告承担违约责任赔偿损失不符合法律规定，法院不予支持。

65 哪些情形属于《招标投标法实施条例》第三十八条规定的重大变化？

答：《招标投标法实施条例》第三十八条列举了分立、合并、破产三种重大变化的情形，以“等”字进行了兜底，该条规定的“等”字属于等外等，招标实务中还有大量属于本条规定的重大变化情形。诸如（1）投标人的重大财务变化；（2）项目经理等主要人员的重大变化；（3）被责令关闭；（4）被吊销营业执照；（5）被吊销资质或降低资质证照（降低资质证照不符合资格预审文件或招标文件的要求）；（6）一定期限内被禁止参与依法必须招标项目的投标；（7）招标文件或招标公告中规定纳入失信人黑名单不得投标的等情形。

需要强调指出，联合体投标的联合体成员发生上述情形的，也应该按照本条规定处理。

【案例】涂某某与湖南省第六工程有限公司、六安市招投标监督管理局保证合同纠纷案[(2015)六金民二初字第01101号]

裁判要旨:投标人依法依规被列入不良信用记录的,招标人或招标代理机构可以撤销其投标。

【法院裁判】六安市金安区人民法院认为,该案中,被告湖南省第六工程有限公司(以下简称湖南工程公司)与六安地矿置业有限公司之间成立招投标法律关系。被告湖南工程公司与原告商定由原告作为挂靠人,利用被告湖南工程公司的名义对六安市地矿华府小区03标段项目工程进行投标,具体投标事宜由被告湖南工程公司进行实际操作,并由湖南工程公司收取其交付的80万元作为参加六安地矿置业有限公司招标的六安市地矿华府小区03标段项目工程投标保证金,原告遂与湖南工程公司成立借用资质投标的法律关系。湖南工程公司本应如实告知原告"到该项目投标截止时间前,湖南工程公司不良行为记录尚在公示期内等"重要信息,且其也应本着公开、公平、公正和诚实信用原则参加投标活动,但湖南工程公司在投标过程中却隐瞒了上述事实,违法进行投标,导致其预中标人资格被招标人取消,原告支付其80万元投标保证金不予退还,对此,被告湖南工程公司对造成原告的损失存有过错,应承担相应的民事赔偿责任。

66 分公司能否以自己的名义投标?

答:分公司虽然不具备法人资格,但领取营业执照的分公司可以自己的名义投标。

《招标投标法》第二十五条第一款规定,"投标人是响应招标、参加投标竞争的法人或者其他组织"。根据该款规定,可以参加投标的不仅是法人,具有民事主体资格和行为能力的其他组织也可以投标。根据《最高人民法院关于适用〈中华人民共和国民事诉讼法〉的解释》第五十二条第五项规定,"民事诉讼法

第五十一条规定的其他组织是指合法成立、有一定的组织机构和财产,但又不具备法人资格的组织,包括:(五)依法设立并领取营业执照的法人的分支机构”。分公司就是本解释规定的其他组织,属于《招标投标法》第二十五条第一款规定的其他组织,可以作为投标人参加投标。

《招标投标法实施条例》第三十二条规定,对于依法必须招标的项目不得非法限定潜在投标人或者投标人的所有制形式或者组织形式,否则属于以不合理条件限制、排斥潜在投标人或投标人。因此,对于依法必须招标项目,招标人应当接受分公司投标,不得以其不具备法人资格而拒绝。

需要指出的是,分公司以自己名义投标,应当提供分公司自己的业绩,方能向招标人证明其具有履行合同的能力,不能提供总公司的业绩。

【案例】上海中邦物业管理有限公司珠海分公司与朱某某物业服务合同纠纷案[(2018)粤0403民初1441号]

裁判要旨:具有营业执照的分公司以自己名义进行投标活动的,投标行为有效。

【法院裁判】珠海市斗门区人民法院认为,对被告辩称原告违反《招标投标法》第二十五条第一款、第二十六条规定的问题,原告称其经珠海市斗门区住房和城乡建设局同意和批准采用协议方式选聘为案涉小区的物业服务企业,且上海中邦公司具有一级资质,选聘合法有效。对被告辩称原告是分支机构不具有二级资质的问题,原告称其是上海中邦公司在珠海设立的分公司,分支机构不是独立法人,原告依法经上海中邦公司规定或授权在珠海进行物业管理服务,与上海中邦公司是一个整体,上海中邦公司有物业管理二级资质即可。法院认为,根据《公司法》第十四条“公司可以设立分公司。设立分公司,应当向公司登记机关申请登记,领取营业执照。分公司不具有法人资格,其民事责任由公司承担。公司可以设立子公司,子公司具有法人资格,依法独立承担民事责任”的规定,以及根据《民法总则》第七十四条“法人可以依法设立分支机构。法律、行政法规规定分支机构应当登记的,依照其规定。分支机构以自己的名义从事民事活动，产生的民事责任由法人承担；也可以先以该分支机构管理的财产承担，不足以承担的，由法人承担”①的规定，原告上海中邦物业管理有限公司珠海分公司以自己的名义从事民事活动，产生的民事责任由法人上海中邦公司承担。对原告的诉称，法院予以采信。被告的辩称缺乏法律依据，法院不予采信。

67 哪些情形属于投标人之间相互串通投标？

答：投标人相互串通投标是当前招投标实践中的突出问题之一，严重扰乱了招投标秩序，损害招投标制度的严肃性、公正性和招投标活动当事人的合法权益。串通投标行为屡禁不止的原因之一，是立法上缺乏对串通投标行为的具体认定标准。为此根据《招标投标法实施条例》第三十九条规定在总结实践基础上，列举规定了几种投标人串通投标情形，为认定查处串通投标行为提供了依据。

（1）投标人之间协商投标报价等投标文件的实质性内容。该项规定不仅指投标人协商抬高、压低报价，或者以高、中、低价格等报价策略分别投标，还可能包含对一些重要的技术方案、技术指标等实质性内容的协商。除此之外，同一招标项目的投标人还可能分成两个以上的小集团，分别按照各自协商的原则和利益分配机制串通投标、轮流中标。

（2）投标人之间约定中标人。投标人之间约定中标人是串通投标的一个极端表现，也即围标。实现这一目的的途径有多种，包括按照招标文件的评定标准和方法制订不同投标方案，故意非实质性响应招标文件等。

（3）投标人之间约定部分投标人放弃投标或者中标。包括购买招标文件的潜在投标人根据约定不按招标文件要求准备和提交投标文件，提交了投标文件的投标人按照约定放弃投标，排名第一的中标候选人或者被宣布为中标的投标人约定放弃中标。

（4）属于同一集团、协会、商会等组织成员的投标人按照该组织要求协同投

① 现相关内容规定于《民法典》第七十四条。

标。构成本项规定的串通投标需要同时满足两个条件:一是同一招标项目的不同投标人属于同一组织成员;二是这些不同投标人按照该组织要求在同一招标项目中采取了协同行动。所谓协同行动,是指按照预先确定的策略投标,确保该组织的成员或者特定成员中标。需要指出的是,同一组织的成员在同一招标项目中并不必然属于串标。

(5)投标人之间为了谋取中标或者排斥特定投标人而采取的其他联合行动。该项为兜底性规定,实践中常见的情形如:共同放弃投标或者一致不提交资格预审文件致使投标人不足三家而导致招标失败。

【案例】四海园建筑工程有限公司、罗某甲、丁某甲、谢某某、高某某串通投标案[(2017)黑81刑终52号]

裁判要旨:投标人之间约定中标人,相互串通投标报价,损害其他投标人的利益,情节严重,其行为构成串通投标罪。

【法院裁判】2012年6月,黑龙江四海园建筑工程有限公司(以下简称四海园公司)在竞标齐齐哈尔医学院附属第三医院(以下简称齐医三院)病房综合楼基础工程时,因需要其他3家有资质的建筑公司参加竞标才能开标,时任四海园公司副总经理的被告人罗某甲遂串通黑龙江省三建建筑工程有限责任公司(以下简称省三建公司)副总经理李某某(另案处理)、黑龙江信恒建筑工程有限公司(以下简称信恒公司)总经理孙某甲(另案处理)以各自所在公司陪标,四海园公司因此中标齐医三院病房综合楼基础工程。2013年4月,四海园公司承建齐医三院病房楼基础工程后,为了继续承建该楼的地上主体工程,被告人罗某甲在明知四海园公司当时的资质并不符合投标条件的情况下,雇人伪造注册资本金1亿元的企业法人营业执照和建筑资质证用于投标。在招投标公告发布后,被告人罗某甲又串通被告人丁某甲、谢某某、高某某,以各自所在的公司陪标,四海园公司因此中标齐医三院附属病房综合楼的主体工程。黑龙江省农垦中级法院认为,上诉单位四海园公司与其他投标人相互串通投标报价,损害其他投标人的利益,情节严重,其行为已构成串通投标罪;上诉人罗某甲作为四海园公司直接负责的主管人员，与其他单位工作人员串通投标报价，其行为亦构成串通投标罪。

68 如何认定投标人相互串通投标？

答：为了有效打击串通投标行为，《招标投标法实施条例》第四十条采用了"视为"这一立法技术，列举了"视为"投标人相互串通的情形，对于《招标投标法实施条例》规定的这些有某种外在表现形式的行为，评标委员会、行政监督部门、司法机关和仲裁机构可以直接认定存在串通。具体如下：

(1)不同投标人的投标文件由同一单位或者个人编制。不同投标人的投标文件由同一单位或者个人编制，是投标人相互串通投标的极端表现。如不同单位的投标文件出自同一台计算机，不同单位的投标文件的编制者为同一人。

(2)不同投标人委托同一单位或个人办理投标事宜。该情形需要注意以下三点：一是委托同一单位或者同一个人办理同一项目的不同环节的，亦属于该情形；二是投标人委托他人办理投标事宜的，应当要求受托人出具书面承诺，声明受托人不存在受托承担同一项目的招标或投标，以避免构成违法；三是采用电子招标的，从同一个投标单位或者同一个自然人的 IP 地址下载招标文件或者上传投标文件的情形。

(3)不同投标人的投标文件载明的项目管理成员为同一人。项目管理机构及其人员配置是勘察、设计、监理和施工等招标项目普遍要求的投标文件的组成内容，不同投标文件中载明的项目管理人员出现同一人可能出于以下三种原因：一是不同投标文件由同一单位或同一个人编制。二是同一单位挂靠其他单位，以不同单位的名义分别投标并编制投标文件，该情形不但违背了其他相关法律法规规定，同时也构成串通投标。三是同一人受聘于不同的单位，由于人员特别是有注册执业资格的主要管理人员与受聘单位本应存在一一对应关系，在具体投标项目中项目管理成员中出现同一人的，其最大的可能性就是串标。这种情况应当先行给予认定，除非投标人能够证明其不存在串通投标的行为。需要强调说明的是，串通投标与弄虚作假竞合时，行政监督部门应当依照有关规定从重处罚。

（4）不同投标人的投标文件异常一致或者投标报价呈规律性差异。所谓投标文件异常一致是指极小概率或者完全不可能一致的内容在不同投标文件中同时出现，比如，投标文件内容错误或者打印错误雷同，由投标人自行编制文件的格式完全一致，属于某一投标人的业绩、标准、编号、标识等在其他投标人投标文件中同时出现。

（5）不同投标人的投标文件相互混装。

（6）不同投标人的投标保证金从同一单位或者个人账户转出。《招标投标法实施条例》第二十六条规定，现金或者支票形式的投标保证金应当从投标人的基本账户转出，该条规定主要是为了遏制围标串标行为。若不同投标人的投标保证金从同一单位或同一个人的账户转出，包括虽然经由投标人自己的基本账户转出，但所需资金均来自同一投标人或者个人账户，构成投标人相互串通投标。

【案例】吉安市发展和改革委员会、江西实达建设有限公司非诉执行审查行政非诉案［（2020）赣0802行审2号］

裁判要旨：不同投标单位的投标文件由同一台电脑制作（文件制作机器码相同），视为投标人相互串通。

【法院裁判】2018年12月17日，江西省公共资源交易管理办公室对全省公共资源交易领域违法违规违纪行为进行专项检查，对2017年5月1日至2018年8月31日在省公共资源交易平台交易项目招投标信息进行筛查，发现了一批投标人标书上传IP地址、机器码雷同情况。省公管办两次向吉安市公管办移送了公共资源交易领域涉嫌串通投标案件线索（2017年5月1日0时起开始发起交易至2018年8月31日24时止完成交易的项目、2018年10月1日0时起开始发起交易至2018年12月31日24时止完成交易的项目），反映的问题主要是不同投标单位的投标文件由同一台计算机制作（文件制作机器码相同）。2019年2月22日，申请执行人立案调查此事，经调查确认被执行人在青原区富田水治理续建一期工程（施工标）招标的投标中，与其他单位的投标文件由同一台计算机制作（文件制作机器码相同），且经查实，被执行人在吉安市2017年5月1日0时起开始发起交易至2018年8月31日24时止完成交易的项目和2018年10月1日0时起开始发起交易至2018年12月31日24时止完成交易的项目的招投标中，共参与串通投标21次。2019年8月21日，根据《招标投标法》第五十三条、《招标投标法实施条例》第六十七条和《江西省发改委关于印发〈江西省发展改革系统行政处罚自由裁量权细化标准(2011年)〉的通知》（赣发改政策字〔2011〕1867号）的规定，申请执行人吉安市发展和改革委员会对被执行人串通投标违法事项下达了吉市发改罚字(2019)226号行政处罚决定书，对被执行人处中标项目金额千分之五的罚款，计32582元，取消被执行人在吉安市2年内参加依法必须进行招标的项目的投标资格，并将相关信息推送至“信用吉安”和“信用中国”公示。吉安市吉州区人民法院认为，申请执行人吉安市发展和改革委员会具有对本行政区域内的公共资源交易领域工作负责管理的法定职责。根据申请执行人提交的相关证据及法律规定，其于2019年8月21日作出的吉市发改罚字(2019)226号行政处罚决定书认定事实清楚、证据确实充分、程序合法。

69 哪些情形属于招标人与投标人相互串通投标?

答：《招标投标法实施条例》第四十一条对招标人与投标人串通投标予以禁止，同时在总结招投标实践的基础上，列举规定了几种串通情形予以规制，这几种情形如下：

（1）招标人在开标前开启投标文件并将有关信息泄露给其他投标人。按照《招标投标法》第三十六条的规定，投标文件应当在开标时经过投标人、其推选的代表或者招标人委托的公证机构当场检查密封情况，并在开标时当众拆封，以确保文件信息不被提前泄露从而保证招标的公开性和公正性。招标人在开标前开启投标文件，违反了上述规定，若招标人将投标人信息泄露给其他投标人，使其根据所获得信息修改投标报价或调整投标策略，从而赢得更多的中标机会，对被开启投标人文件的投标人而言极端不公平，损害了其合法权益，也严重违背招标公正性。

（2）招标人直接或者间接向投标人泄露标底、评标委员会成员等信息。为了防止串通投标，维护招投标活动的公正和公平，《招标投标法》第二十二条和第三十七条规定，标底、评标委员会成员信息、已获取招标文件的潜在投标人的名称、数量都属于保密信息，泄露这些信息，违反了《招标投标法》的规定。泄露标底，投标人会根据掌握的信息，调整投标报价，影响招投标活动的竞争效果，背离了招投标活动的公平性和公正性。泄露评标委员会成员的信息，投标人可能通过评标委员会不当干预或影响评标结果，出现腐败现象，也影响招投标活动的公正性，损害其他投标人的合法权益。本项规定的"间接"根据国家发展和改革委员会法规司等编著的《中华人民共和国招标投标法实施条例释义》（中国计划出版社 2012 年版）一书可知，其含义是指招标人将上述信息泄露给第三人，然后由第三人再泄露给投标人，或者以投标人主动求证和招标人默认的合法方式泄露有关的信息或者故意将有关信息放置在投标人可以看到的地方。

（3）招标人明示或者暗示投标人压低或者抬高投标报价。投标报价系投标文件的实质性内容、核心内容，应当由投标人按照招标文件的要求，自行根据其经济实力、技术能力和市场竞争环境自主报价，这样才能发挥招投标活动竞争效果。招标人明示或暗示投标人压低或者抬高报价，实际上投标报价被招标人操纵，由此形成的招投标成果，背离了市场竞争规律，损害了投标人合法权益和国家利益。

（4）招标人授意投标人撤换或修改投标文件。对于该项规定，《中华人民共和国招标投标法实施条例释义》（中国计划出版社 2012 年版）一书给出了以下解释：根据《招标投标法》第二十九条的规定，在投标截止日前，投标人可以撤换、修改已提交的投标文件，但是否撤换、修改均应当由投标人自主决定，如果招标人授意投标人撤换或修改投标文件，不仅对其他投标人不公平，而且还会利用自己掌握的信息使特定的投标人获得更高的中标机会，或者操作各个投标人的投标以帮助特定的投标人中标。

（5）招标人明示或者暗示投标人为特定投标人中标提供方便。本项规定在实践中通常表现为由招标人主导，以直接或者隐晦的表达方式与其他投标人串通,要求为特定投标人提供帮助。

(6)招标人与投标人为谋求特定投标人中标而采取的其他串通行为。本项规定为招标人与投标人串通投标的兜底条款,认定本项其他串通行为时,必须考量其主观上是否具有谋求特定投标人中标的主观故意,若无法考量这一主观故意,则应慎重认定。

【案例】梁某安等串通投标案[(2018)粤0783刑初648号]

裁判要旨:被告人梁某安、梁某荣、孙某无视国家法律,与他人串通投标,损害其他投标人的利益,情节严重,其行为均已构成串通投标罪;被告人梁某安无视国家法律,身为国家工作人员,利用职务上的便利,非法收受他人财物,数额巨大,其行为已构成受贿罪;被告人梁某荣无视国家法律,身为国家工作人员,利用职务上的便利,非法收受他人财物,数额较大,其行为已构成受贿罪。公诉机关指控各被告人所犯罪名成立,定罪证据确实、充分,应予以刑罚。被告人梁某安、梁某荣一人犯两罪,依法应当两罪并罚。三被告人相互配合串通投标,发挥的作用是相当的,无主从之分。对于辩护人提出牵连犯罪的问题,法院认为该案中被告人的受贿行为和串通投标的行为是独立的,被告人受贿不必然导致选择串通投标的行为,在构成要件上没有包含性,在侵害法益上也不具有同一性,因此不属于牵连犯罪。

【法院裁判】开平市人民法院经审理认为:被告人梁某安、梁某荣、孙某无视国家法律,与他人串通投标,损害其他投标人的利益,情节严重,其行为均已构成串通投标罪;被告人梁某安无视国家法律,身为国家工作人员,利用职务上的便利,非法收受他人财物,数额巨大,其行为已构成受贿罪;被告人梁某荣无视国家法律,身为国家工作人员,利用职务上的便利,非法收受他人财物,数额较大,其行为已构成受贿罪。公诉机关指控各被告人所犯罪名成立,定罪证据确实、充分,应予以刑罚。被告人梁某安、梁某荣一人犯两罪,依法应当两罪并罚。被告人梁某安、梁某荣在接受调查期间,如实交代监察机关尚未掌握的受贿罪行，属自首，依法可以从轻处罚。被告人梁某安、梁某荣、孙某归案后能够如实供述自己串通投标的罪行，属坦白，依法可以从轻处罚。被告人梁某安、梁某荣、孙某案发后积极退赃，被告人梁某荣、孙某主动缴纳罚金，均可以酌情从轻处罚。缴获被告人孙某的手机一台，属作案工具，依法予以没收。

70 哪些情形属于投标人弄虚作假投标？

答：投标人弄虚作假投标的现象在招投标活动中十分常见，《招投标法实施条例》第四十二条规定了以下几种情形：

（1）使用通过受让或者租借等方式获取的资格或者资质证书投标。使用通过购买或租借等方式获取的资格、资质证书以他人名义投标，是典型的弄虚作假行为。

（2）使用伪造、变造的许可证件。按照《中华人民共和国招标投标法实施条例释义》（中国计划出版社 2012 年版）一书的内容，使用伪造、变造的许可证件，是指假造实际从未获取的许可证件或者篡改获取的许可证件的许可范围、等级或有效期等以欺瞒招标人的行为。比如，伪造或变造建筑企业资质证书、安全生产许可证书、专业人员注册执业资格证书等。

（3）提供虚假的财务状况或者业绩。提供虚假的财务状况和业绩是指投标人所提交的财务状况与其实际情况不符，或者虚构了实际并不存在的业绩。投标人为了获得中标，往往根据招标文件中的财务或业绩要求以及资格评审办法或者评标办法中相应的评审因素和标准，有针对性地虚构其财务状况或者业绩。

（4）提供虚假的项目负责人或者主要技术人员简历、劳动关系证明。

（5）提供虚假的信用状况。比如，提供虚假诉讼信息、隐瞒安全生产事故、行政处罚、违约等重要情况。

（6）其他弄虚作假的行为。鉴于招投标实践中弄虚作假行为层出不穷、方法多样，《中华人民共和国招投标法实施条例》难以一一列举，因此条例规定了兜底条款。

【案例】湖南省某工程有限公司与湖南某大学建设工程施工合同纠纷案
[(2018)湘0102民初7109号]

裁判要旨:在投标过程中已涉及多起诉讼及仲裁,以及被列入不良行为名单,但其在投标文件中承诺无诉讼和仲裁情况以及无不良行为,其提供虚假的信用状况骗取中标,中标行为应无效。

【法院裁判】法院认为:湖南省某工程有限公司(以下简称某工程公司)在投标过程中已涉及多起诉讼及仲裁,以及被列入不良行为名单,但其在投标文件中承诺无诉讼和仲裁情况以及无不良行为,其提供虚假的信用状况骗取中标,故中标行为应无效,双方签订的《湖南省建设工程施工合同》应被认定为无效合同。但双方对合同的工程造价经审计均无异议,且该工程已经竣工验收,双方实际已将除质保金之外的工程款履行完毕。对合同履行过程中村民阻工造成的赔偿问题,双方一直未妥善处理。原告提交的2015年9月15日的会议纪要是双方当事人的真实意思表示,也是各方当事人对赔偿问题达成的一致意见,合同无效并不影响双方对遗留赔偿问题达成协议的效力。双方明确约定,后续补偿只限某工程公司原提交延误工期和村民阻工函诉求内容,其他诉求学校一次性补偿27万元,补偿金额在后续补偿中增列。因而双方当事人应按照会议纪要的约定履行各自义务。故湖南某大学应按照会议纪要的约定支付相应款项。湖南某大学辩称其鉴定报告书中的2015年9月15日的会议纪要并未包括3项赔偿内容,对此法院认为,原告提交的会议纪要加盖了湖南某大学审计处的公章,且原告参加会议的工作人员陈述较为客观,被告提交的会议纪要形成在前,原告提交的会议纪要形成在后,故应以后一份加盖了湖南某大学审计处公章的会议纪要为准。故对湖南某大学的该项辩称,法院不予采信。对原告主张的3项赔偿的利息,由于会议纪要中并未约定赔偿款支付时间,某工程公司在2017年9月29日的回函,明确向湖南某大学主张了前述3项损失,故利息起算时间应从2017年9月30日起算,酌情按照中国人民银行同期同类贷款利率的标准予以计算。另原告主张的民工工资保障金利息,因原告未提供足够的证据证实被告致使其存在利息损失,故对该项请求法院亦不予支持。

71 哪些情形下招标人应当拒收投标文件?

答:根据《招标投标法实施条例》第三十六条的规定,招标人应拒收投标文件的情形如下:

1. 未通过资格预审的申请人提交的投标文件。按照《招标投标法实施条例》第十九条的规定,实行资格预审,申请人未通过资格预审的,不具备投标资格。既然不具备投标资格,申请人就没有编制投标文件的必要,也不应该让其再编制和提交投标文件,若继续让其编制和提交投标文件,资格预审则失去意义,对已经审查合格的投标人也不公平,因此,对于未通过资格预审的申请人提交的投标文件,招标人应当拒收。

2. 逾期送达的投标文件。逾期送达是指投标人未在招标文件规定的投标截止时间前将投标文件送达招标文件中规定的地点,其投标文件送达招标文件规定的地点的送达时间晚于招标文件规定的投标截止日。对于逾期送达的原因不论是投标人自身原因,还是不可抗力等客观原因,都在所不问,都应当拒收。这样做的目的是保障所有投标人投标文件编制时间和投标准备时间相同,防止出现投标准备时间不一的不公平现象。

3. 未按招标文件要求密封的投标文件。密封投标文件的主要目的是防止泄露投标文件信息而导致串标,保护招投标双方的合法权益不被侵害。需要注意的是,招标文件应该详细载明有关投标文件的密封要求。投标文件稍微不符合招标文件的,应允许投标人补正,但若投标文件严重背离招标文件密封要求,则予以拒收。

【案例】黑龙江国东职业中介服务有限公司与鹤岗市财政局、鹤岗市人民政府行政纠纷案[(2020)黑0403行初2号]

裁判要旨:未通过资格预审的申请人提交的投标文件,以及逾期送达或者不按照招标文件要求密封的投标文件,招标人应当拒收。

【法院裁判】该案中,在案外人鹤岗市环境卫生管理处委托第三人博展咨询公司通过公开招标方式中介购买服务项目招投标活动中，原告黑龙江国东职业中介服务有限公司（以下简称国东中介公司）虽报名参加投标，但在投标人资格审查和符合性审查阶段，已被认定不符合项目招标文件投标人资格要求，对其作废标处理，并于2019年9月2日向其送达了废标说明，其中明确载明“贵单位在鹤岗市环境卫生管理处中介购买服务项目的评审过程中，缺少法定代表人身份证明或法定代表人授权委托书，经评定，未通过资格性审查，作废标处理”。原告国东中介公司作为《招标投标法实施条例》第三十六条规定的未通过资格预审的申请人，自始未取得投标人资格，与该案所涉招标投标活动及评标结果均无利害关系，故原告无权对该案所涉招标投标活动及评标结果提出投诉、申请行政复议及提起行政诉讼。

72 投标人可以要求招标人返还多收的履约保证金吗？

答：投标人可以要求招标人返还多收的履约保证金。

《招标投标法》第四十六条第二款规定，“招标文件要求中标人提交履约保证金的，中标人应当提交”。《招标投标法实施条例》第五十八条规定，“招标文件要求中标人提交履约保证金的，中标人应当按照招标文件的要求提交。履约保证金不得超过中标合同金额的10%”。第六十六条规定，“招标人超过本条例规定的比例收取投标保证金、履约保证金或者不按照规定退还投标保证金及银行同期存款利息的，由有关行政监督部门责令改正，可以处5万元以下的罚款；给他人造成损失的，依法承担赔偿责任”。由此可见，履约保证金不得超过中标合同金额的10%，若招标人超出规定限额收取履约保证金，超出部分应予以返还。

【案例】山东省公路桥梁建设有限公司与湖南达亿劳务有限公司劳务合同纠纷案[(2014)湘高法民二终字第53号]

裁判要旨:投标保证金转为履约保证金后,履约保证金未在规定时间内足额补交的,招标人可以不与中标人订立合同。

【法院裁判】湖南省高级人民法院认为,该案中,湖南达亿劳务有限公司(以下简称达亿公司)向山东省公路桥梁建设有限公司(以下简称山东路桥公司)交纳了投标保证金50万元参与投标,并于2012年12月14日与山东路桥大岳七项目部签订了土方施工意向书,其后达亿公司接通知进场施工,山东路桥公司已初步确定达亿公司为案涉工程的中标单位。达亿公司在将50万元投标保证金转为履约保证金后,还应按招标文件的规定,再向山东路桥公司交纳50万元履约保证金,而达亿公司未及时向山东路桥公司交纳履约保证金且在接到山东路桥公司催收50万元履约保证金的通知后,仍未交纳。该案中,招标文件第2篇投标人须知资料表中第9项、第10项记载了有关履约担保金交纳和合同签订的时间,该时间是接到中标通知(15天)和收到中标通知书后(10天)不同条件下的时间规定,该表是要求投标人应交纳的资料表,从表中排项亦可看出,履约保证金是在签订合同之前交纳,且第二十一条明确规定中标人在收到中标通知书,并在签订合同协议前,向招标人提交100万元履约保证金,该100万元履约保证金应在《劳务分包合同》签订之前交纳。根据《招标投标法》第四十六条第二款"招标文件要求中标人提交履约保证金的,中标人应当提交"及招标文件的规定,山东路桥公司有权解除双方签订的土方施工意向书,不与达亿公司签订《劳务分包合同》。原审法院认定山东路桥公司应先与达亿公司签订《劳务分包合同》然后再交纳100万元履约保证金认定错误,二审法院予以纠正。山东路桥公司在通知达亿公司中标无效及要求达亿公司退场后,双方协商达亿公司退场事宜,山东路桥公司退还了达亿公司50万元投标保证金,并补偿了经达亿公司确认的前期费用,双方签订的土方施工意向书实际上已被解除。原判认定双方签订的土方施工意向书未被终止和继续有效,认定错误,二审法院予以纠正。

73 退还投标保证金时投标人能否要求支付相应的利息?

答:退还投标保证金时,投标人有权要求支付相应的利息。

根据《招标投标法实施条例》第五十七条第二款的规定,招标人最迟应当在书面合同签订后5日内向中标人和未中标的投标人退还投标保证金及银行同期存款利息。根据《招标投标法实施条例》第三十一条的规定,招标人终止招标的,应当及时发布公告,或者以书面形式通知被邀请的或者已经获取资格预审文件、招标文件的潜在投标人。已经发售资格预审文件、招标文件或者已经收取投标保证金的,招标人应当及时退还所收取的资格预审文件、招标文件的费用,以及所收取的投标保证金及银行同期存款利息。

【案例】沈阳远大智能工业集团股份有限公司与重庆爱利福天东置业有限公司招标投标买卖合同纠纷案[(2017)辽0191民初446号]

裁判要旨:招标人终止招标的,已经发售资格预审文件、招标文件或者已经收取投标保证金的,招标人应当及时退还所收取的资格预审文件、招标文件的费用,以及所收取的投标保证金及银行同期存款利息。

【法院裁判】沈阳经济技术开发区人民法院认为,关于原告沈阳远大集团公司主张被告重庆爱利置业公司返还诚意金10万元及利息的诉讼请求,被告向原告发出的电梯供货安装补充说明第三条已明确约定未中标单位所缴纳的10万元诚意金予以全额退还,原告未中标,依据约定,被告应返还原告10万元诚意金,原告主张合法有据,法院予以支持。关于原告提出的利息诉讼请求,由于电梯供货安装补充说明中已明确约定未能签订合同返还诚意金的期限,故该案原告主张被告自立案之日即2017年1月9日起按中国人民银行同期贷款利率计算利息,合法有据,法院应予支持。

74 投标单位提供虚假的财务状况或者业绩的法律责任是什么？

答：投标单位提供虚假的财务状况或者业绩属于我国《招标投标法》第三十三条明令禁止的行为。该条规定：投标人不得以低于成本的报价竞标，也不得以他人名义投标或者以其他方式弄虚作假，骗取中标。

我国《招标投标法实施条例》第四十二条明确规定：使用通过受让或者租借等方式获取的资格、资质证书投标的，属于《招标投标法》第三十三条规定的以他人名义投标。(1)使用伪造、变造的许可证件；(2)提供虚假的财务状况或者业绩；(3)提供虚假的项目负责人或者主要技术人员简历、劳动关系证明；(4)提供虚假的信用状况；(5)其他弄虚作假的行为。

根据上述规定，投标人不得有使用通过受让或者租借等方式获取的资格、资质证书投标或以他人名义投标的行为。投标人不得有使用伪造、变造的许可证件、提供虚假的财务状况或者业绩、提供虚假的项目负责人或者主要技术人员简历、劳动关系证明、提供虚假的信用状况等弄虚作假的行为。违反前述规定的，根据《招标投标法》第五十四条的规定，不仅投标或者中标无效，还将被处以罚款、取消一定期限内参加依法必须进行招标的项目的投标资格，直至吊销营业执照；构成犯罪的，还将被依法追究刑事责任。

【案例】郑某轩与菏泽市实业开发公司、菏泽市北城建筑工程公司建设工程合同纠纷案[(2014)民提字第116号]

裁判要旨：实际施工人挂靠有资质的施工企业借用其名义投标承包工程，属于以他人名义投标的弄虚作假行为；没有资质的实际施工人借用有资质的建筑施工企业名义所签建设工程施工合同应认定无效。

【法院裁判】最高人民法院认为，菏泽市实业开发公司(以下简称实业公司)综合楼工程缘起于实业公司与蒋某机、汪某能签订的《建房合作合同》。在《建房合作合同》中，实业公司与蒋某机、汪某能明确约定，由后者负责提供建设资金、组织承建，并向实业公司招标的公司提供管理费用。实业公司后对该工程进行了招标，菏泽市北城建筑工程公司（以下简称北城建筑公司）中标。在中标之前，北城建筑公司与郑某轩签订了《施工合作协议书》，约定北城建筑公司负责投标中的工作和中标后施工单位所需手续的办理，郑某轩承担施工合同中的全部事宜，一次性上交北城建筑公司管理费 5 万元。由此可见，北城建筑公司虽然参与了实业公司综合楼工程的投标，并在中标后与实业公司签订了《建设工程施工合同》，但这仅仅是为了完善程序和形式之需，事实上北城建筑公司并未实际建设施工，其通过另行与郑某轩签订《施工合作协议书》，将中标项目全部转让给了郑某轩，成为只提供资质、收取管理费的挂名承包人，郑某轩才是综合楼工程的实际承包人。郑某轩通过借用北城建筑公司的资质取得投标项目并具体施工建设，与北城建筑公司之间形成挂靠关系。实业公司对此完全知情并认可，这也符合其在《建房合作合同》中的预先约定。实业公司工程经营部与郑某轩于 2001 年 12 月 2 日以及 2003 年 1 月 18 日两次签订《建筑安装工程承包合同》，将全部工程交由郑某轩承建，工程完工后实业公司与郑某轩直接进行对账结算等均可以进一步证明此点。《招标投标法》第四十八条第一款规定："中标人应当按照合同约定履行义务，完成中标项目。中标人不得向他人转让中标项目，也不得将中标项目肢解后分别向他人转让。"《最高人民法院关于审理建设工程施工合同纠纷案件适用法律问题的解释》第一条第二项规定，没有资质的实际施工人借用有资质的建筑施工企业名义签订的建设工程施工合同应当认定无效。① 因此，实业公司、北城建筑公司与郑某轩之间签订的《建设工程施工合同》《施工合作协议书》因违反了《招标投标法》和《最高人民法院关于审理建设工程施工合同纠纷案件适用法律问题的解释》的规定，均应认定为无效。

---

① 《最高人民法院关于审理建设工程施工合同纠纷案件适用法律问题的解释》已失效，现行规定为 2021 年 1 月 1 日施行的《最高人民法院关于审理建设工程施工合同纠纷案件适用法律问题的解释》第一条第二项："建设工程施工合同具有下列情形之一的，应当根据合同法第五十二条第（五）项的规定，认定无效：（二）没有资质的实际施工人借用有资质的建筑施工企业名义的；"在《最高人民法院关于审理建设工程施工合同纠纷案件适用法律问题的解释（一）》中修改为"建设工程施工合同具有下列情形之一的，应当依据民法典第一百五十三条第一款的规定，认定无效：（二）没有资质的实际施工人借用有资质的建筑施工企业名义的；"

75 哪些情况下投标可能会被宣布作废？

答：根据相关法律法规规定，以下 12 种情况下，投标人的投标行为可能被宣布作废。

1. 投标书未密封；

2. 无单位盖章或无法定代表人或法定代表人授权的代理人签字或盖章，或者法定代表人委托代理人没有合法、有效的委托书（原件）及委托代理人印章；

3. 未按规定格式填写，内容不全或关键字迹模糊、无法辨认；

4. 递交两份或多份内容不同的投标文件，或在一份投标文件中对同一招标项目报有两个或多个报价，且未声明哪一个有效，按招标文件规定提交备选投标方案的除外；

5. 名称或组织结构与资格预审时不一致；

6. 未按招标文件要求提交投标保函或投标保证金；

7. 联合体投标未附联合体各方共同投标协议的；

8. 以他人的名义投标、串通投标、以行贿手段谋取中标或者以其他弄虚作假方式投标的；

9. 报价明显低于其他投标报价或者在设有标底时明显低于标底，投标人不能合理说明或者不能提供相关证明材料的，或者被评标委员会认定为其报价可能低于其个别成本的，拒不按照要求作出书面说明并提供相关证明材料的；

10. 投标文件未能对招标文件作出实质性响应的；

11. 逾期送达投标书的；

12. 投标人未经招标人同意，不参加开标会议的。

首先，根据《工程建设项目施工招标投标办法》第十九条第二款的规定："经资格后审不合格的投标人的投标应予否决。"第五十条规定："投标文件有下列情形之一的，招标人应当拒收：（一）逾期送达；（二）未按招标文件要求密封。有下列情形之一的，评标委员会应当否决其投标：（一）投标文件未经投标单位盖章和单位负责人签字；（二）投标联合体没有提交共同投标协议；（三）投标人不符合国家或者招标文件规定的资格条件；（四）同一投标人提交两个以上不同的投标文件或者投标报价，但招标文件要求提交备选投标的除外；（五）投标报价低于成本或者高于招标文件设定的最高投标限价;(六)投标文件没有对招标文件的实质性要求和条件作出响应;(七)投标人有串通投标、弄虚作假、行贿等违法行为。”

其次,根据《招标投标法实施条例》第五十一条的规定,有下列情形之一的,评标委员会应当否决其投标:(1)投标文件未经投标单位盖章和单位负责人签字;(2)投标联合体没有提交共同投标协议;(3)投标人不符合国家或者招标文件规定的资格条件;(4)同一投标人提交两个以上不同的投标文件或者投标报价,但招标文件要求提交备选投标的除外;(5)投标报价低于成本或者高于招标文件设定的最高投标限价;(6)投标文件没有对招标文件的实质性要求和条件作出响应;(7)投标人有串通投标、弄虚作假、行贿等违法行为。

最后,根据《评标委员会和评标方法暂行规定》第二十三条的规定,评标委员会应当审查每一投标文件是否对招标文件提出的所有实质性要求和条件作出响应。未能在实质上响应的投标,应当予以否决。第二十五条规定,下列情况属于重大偏差:(1)没有按照招标文件要求提供投标担保或者所提供的投标担保有瑕疵;(2)投标文件没有投标人授权代表签字和加盖公章;(3)投标文件载明的招标项目完成期限超过招标文件规定的期限;(4)明显不符合技术规格、技术标准的要求;(5)投标文件载明的货物包装方式、检验标准和方法等不符合招标文件的要求;(6)投标文件附有招标人不能接受的条件;(7)不符合招标文件中规定的其他实质性要求。投标文件有上述情形之一的,为未能对招标文件作出实质性响应,并按本规定第二十三条规定作否决投标处理。招标文件对重大偏差另有规定的,从其规定。

【案例】宁波元博生态建设有限公司与余姚市住房和城乡建设局城乡建设行政管理纠纷案[(2017)浙0281行初1号]

裁判要旨:经资格后审不合格的投标人的投标应予否决。

【法院裁判】法院认为,该案争议的主要焦点是原告宁波元博生态建设有限公司投标时提交的拟派驻项目负责人骆某明二级注册建造师证书、B证及安全员方某明C证是否符合施工招标文件关于投标人资质条件的要求，被告余姚市住房和城乡建设局据此向原告作出的处理答复意见是否合法。根据《招标投标法》第二十六条的规定，投标人应当具备承担招标项目的能力；国家有关规定对投标人资格条件或者招标文件对投标人资格条件有规定的，投标人应当具备规定的资格条件。第二十七条第一款规定，投标人应当按照招标文件的要求编制投标文件。投标文件应当对招标文件提出的实质性要求和条件作出响应。第二十九条规定，投标人在招标文件要求提交投标文件的截止时间前，可以补充、修改或者撤回已提交的投标文件，并书面通知招标人。补充、修改的内容为投标文件的组成部分。《工程建设项目施工招标投标办法》第十九条第二款规定，经资格后审不合格的投标人的投标应予否决。该案中，施工招标文件在投标人须知前附表及资格后审必要合格条件中对投标人资质条件作出明确规定，项目经理资格必须具备市政公用工程专业二级注册建造师及以上资格，具有有效的安全生产考核合格证书（B证），且其承接任务量符合有关规定，当拟派项目经理、安全员证书因变更等不能提供原件时，必须提交当地行业行政主管部门出具的证明原件。原告于2016年8月31日被获准企业名称变更，2016年9月14日获批营业执照后，未按照《浙江省建造师执业资格注册实施办法（试行）》第十一条①规定的关于执业单位名称变更的，应当自变更情形发生之日起30日内申请变更注册的要求，对骆某明的二级建造师、B证及方某明的安全员合格证书C证及时进行变更注册，也未在投标截止日前及时提交宁波杭州湾新区规划建设国土局关于注册建造师证书及其他各类注册证书在分批办理，宁波杭州湾新区元博建设有限公司与宁波元博生态建设有限公司系同一法人等内容的情况说明，致拟派项目经理骆某明、方某明聘用单位名称与投标单位名称不符。即使按照原告所主张的在分批办理注册建造师证书及其他各类注册证书，对照《注册建造师管理规定》第八条第二款“对申请变更注册、延续注册的，国务院住房城乡建设主管部门应当自受理之日起10日内作出审批决定。自作出决定之日起10日内公告审批结果。国务院有关部门收到国务院住房城乡建设主管部门移送的申请材料后，应当在5日内审核完毕，并将审核意见送国务院住房城

① 现已失效，目前并未有类似的有效规定。

乡建设主管部门”的规定，申请变更注册、延续注册在办理上也是有时间要求的，原告完全有足够时间办理注册变更并应在投标截止日前完成并提交注册建造师和安全员变更注册后的证书，显然原告怠于办理变更注册申请。同时根据该规定第五条规定，注册建造师实行注册执业管理制度，注册建造师分为一级注册建造师和二级注册建造师。取得资格证书的人员，经过注册方能以注册建造师的名义执业。据此亦可足以证明，骆某明的二级建造师在其执业单位即该案原告企业名称变更后应及时办理变更注册后方可以二级建造师的名义继续执业。原告在2016年11月30日亦即投标截止日之后提交的宁波杭州湾新区规划建设国土局证明原件，不属于《招标投标法实施条例》第五十二条规定的关于投标人对投标文件内容可以作出澄清、说明的情形。因此，原告投标时提交的拟派驻项目负责人骆某明二级注册建造师证书、B证及安全员方某明C证不符合施工招标文件关于投标人资质条件的要求。被告根据《工程建设项目施工招标投标办法》第十九条和施工招标文件第三章附件B列明的投标无效条件规定的情形对原告投标作出无效投标处理是正确的。对原告提出的原告投标文件不具有重大偏差情形，拟派项目经理、安全员聘用单位名称与投标单位名称不符并不影响合同实际履行，执业注册单位、劳动合同与社保关系具有一致性，评标委员会直接否决原告投标而未要求原告进行澄清不当等理由均不能成立，法院不予支持。

第三章 开标法律实务问答

76 投标人不参加开标会其投标仍有效吗?

答:对于投标人是否应参加开标会及不参加开标会的法律后果,现行法律法规对纸质开标与电子开标的要求不同。就纸质招标而言,投标人可以不参加开标会,投标人不参加纸质招标会不影响其投标有效性,但电子招标投标人不参加开标会导致投标文件解密失败会被视为撤回投标文件。

《招标投标法》第三十五条规定,“开标由招标人主持,邀请所有投标人参加”。由此可见,该条规定招标人开标会是其法定义务,但该条并没有规定投标人必须参加,更没规定投标人不参加投标就无效。投标人可以不参加开标会,对此《工程建设项目货物招标投标办法》第四十条有明确规定,即“开标应当在招标文件确定的提交投标文件截止时间的同一时间公开进行;开标地点应当为招标文件中确定的地点。投标人或其授权代表有权出席开标会,也可以自主决定不参加开标会。投标人对开标有异议的,应当在开标现场提出,招标人应当当场作出答复,并制作记录”。

但在电子招标的情况下,《电子招标投标办法》第二十九条规定,“电子开标应当按照招标文件确定的时间,在电子招标投标交易平台上公开进行,所有投标人均应当准时在线参加开标”。通过该条规定可知,对于电子招标而言,投标人参加开标会是其法定义务,其不参加开标会,可能影响投标文件正常解密,若解密失败,则视为其撤回投标文件。

【案例】吉安聚杰医药有限公司、江西森拓建设工程有限公司缔约过失责任纠纷案[(2019)赣08民终2206号]

裁判要旨:开标应当在招标文件确定的提交投标文件截止时间的同一时间公开进行,开标地点应当为招标文件中预先确定的地点。开标由招标人主持,邀请所有投标人参加。

【法院裁判】法院认为，吉安聚杰医药有限公司（以下简称聚杰公司）并未在其招标文件中具体载明开标时间和地点，也未邀请江西森拓建设工程有限公司（以下简称森拓公司）等投标人参加开标、评标程序。在该案中，聚杰公司积极开展招标前的准备工作，提前向森拓公司等潜在投标单位发送招标图纸文件，表现其欲通过邀标方式确定施工人的招标意图，但在森拓公司积极应标后，聚杰公司却未严格按照《招标投标法》及招标文件要求，组织开标或重新招标，无招标诚意，有违诚实信用原则，应承担相应的缔约过失责任，赔偿森拓公司因应标产生的相关费用。因森拓公司就其损失仅向法院递交了造价咨询公司开具的增值税普通发票及收款证明，未有相关委托服务合同佐证，也未提供相应的转账发票，无法反映其真实的费用支出。鉴于森拓公司提交标书、支付保证金，产生实际损失，而双方之间属于采用竞争性投标方式协商订立合同，法院酌情认定森拓公司为订立合同产生的财产性损失为 6 万元，对此，聚杰公司应予赔偿。

77 开标现场投标人能否在同一张签到表上签字？

答：在开标现场接收投标文件时，可以让投标人在同一张签到表上签字。

《招标投标法》第二十二条规定，“招标人不得向他人透露已获取招标文件的潜在投标人的名称、数量以及可能影响公平竞争的有关招标投标的其他情况。招标人设有标底的，标底必须保密”。一般认为该条款是针对招标文件发售阶段，要求招标人就购买招标文件的潜在投标人信息进行保密。在递交投标文件阶段，投标文件已编制完毕并密封递交，不易发生串标行为。如果投标人此时与他人串通、利用补充、修改或者撤回已提交投标文件的权利，为谋求自己中标或他人中标，则可以根据《招标投标法》及《招标投标法实施条例》的其他规定，对其予以处罚。

【案例】内蒙古送变电有限责任公司、四川常源建设工程有限公司确认合同无效纠纷案[(2017)川01民终2311号]

裁判要旨:招标人不得向他人透露已获取招标文件的潜在投标人的名称、数量以及可能影响公平竞争的有关招标投标的其他情况。招标人设有标底的,标底必须保密。

【法院裁判】法院认为,该案的争议焦点为双方签订的《合作协议》是否无效,现评判如下:《合作协议》约定的四川常源建设工程有限公司(以下简称常源公司)利用自身优势进行投标前期工作,提前提供标底,促成分公司中标,是否违反法律、行政法规的强制性规定而无效。上诉人主张常源公司在具体项目的招投标过程中串通招标单位向上诉人泄露标底,而让上诉人中标,违反了《招标投标法》有关标底保密、串通投标的强制性规定,故《合作协议》无效。法院认为,双方在《合作协议》中是否存在非法进行招投标的意思表示,与之相关的约定主要为:常源公司利用自身优势进行投标前期工作促成分公司中标以及提前提供标底的相关约定。首先,从利用优势促成中标的约定来看。目前我国的《招标投标法》并未禁止当事人利用自身优势和各种有利条件参与招投标工作,在实践中也大量存在双方合作投标的模式,因此双方约定各自利用优势条件合作投标既不违反法律的禁止性规定也符合商业习惯。其次,从提供标底的约定来看。双方约定由常源公司提供标底,而未约定常源公司提供标底的来源,一般而言,标底既可从招标人处违法获取,也可通过常源公司自身的估算或计算得出,故不能当然得出常源公司提供标底来源违法的结论。《合作协议》还大量存在常源公司提供标底与实际中标价差异大小不同的情形,也约定了常源公司不提供标底的情形,在这种情况下不能排除在具体项目合作上常源公司不提供标底或标底来源于合法估算或计算的合法途径。最后,从举证责任来看。上诉人主张常源公司与招标单位串通,泄露标底,对此应当承担举证责任,但上诉人的证据尚不足以证明其主张。综上,法院对内蒙古送变电有限责任公司的该项上诉理由不予支持。

78 开标时投标人数不足3个该如何处理？

答：不得开标，强制招标项目必须重新招标。

《招标投标法》第二十八条第一款规定，“投标人应当在招标文件要求提交投标文件的截止时间前，将投标文件送达投标地点。招标人收到投标文件后，应当签收保存，不得开启。投标人少于三个的，招标人应当依照本法重新招标”。《招标投标法实施条例》第四十四条规定，“招标人应当按照招标文件规定的时间、地点开标。投标人少于3个的，不得开标；招标人应当重新招标。投标人对开标有异议的，应当在开标现场提出，招标人应当当场作出答复，并制作记录”。

【案例】宣城市中心医院、江苏精享裕建工有限公司建设工程施工合同纠纷案［（2021）皖18民终1244号］

裁判要旨：《招标投标法》第二十八条第一款、《招标投标法实施条例》第四十四条规定招标人应当按照招标文件规定的时间、地点开标。投标人少于3个的，不得开标；招标人应当重新招标。该案中，宣城市中心医院在第一次招标过程中，投标人少于3人，流标后未进行重新招标，径行转变招标方式，违反《招标投标法》强制性规定，因此建设工程施工合同无效。

【法院裁判】安徽省宣城市中级人民法院认为，依据招标投标相关法律规定，宣城市中心医院扩建工程是关系社会公共利益、公众安全的项目，应当依法进行招标，投标人少于3人的，不得开标，应由招标人重新招标。该案中，宣城市中心医院在一次招标流标后，未重新招标而径行转变招标方式为竞争性谈判，该招、投标程序违反强制性规定，相应的中标通知书及据此签订的《建设工程施工合同》均应认定为无效。需要指出的是，有关合同效力问题属于人民法院依职权审查的范围，不受当事人诉讼请求范围的限制，故宣城市中心医院上诉认为一审法院对合同效力作出认定系超出诉请判决的理由于法无据,法院不予采纳。依据相关法律规定,合同无效,但建设工程质量合格,一方当事人请求参照实际履行的合同结算建设工程价款的,应予准许。

第四章 评标法律实务问答

79 哪些情形下，评标委员会应否决投标人投标？

答：所谓否决投标，是指在评标过程中，出现特定情形或没有对招标文件的实质性要求或条件作出响应，评标委员会作出对其投标文件不再予以进一步评审，投标人失去中标资格的决定。《招标投标法实施条例》第五十一条规定了应当否决投标的7种情形，分别如下：

1. 投标文件未经投标单位盖章和单位负责人签字；
2. 投标联合体没有提交共同投标协议；
3. 投标人不符合国家或者招标文件规定的资格条件；
4. 同一投标人提交两个以上不同的投标文件或者投标报价，但招标文件要求提交备选投标的除外；
5. 投标报价低于成本或者高于投标文件设定的最高投标限价；
6. 投标文件没有对招标文件的实质性要求和条件作出响应；
7. 投标人有串通投标、弄虚作假、行贿等违法行为。

【案例】某某建设集团有限公司与阳江市住房和城乡规划建设局城乡建设行政管理：城市规划管理（规划）纠纷案［（2017）粤1704行初40号］

裁判要旨：评标由招标人依法组建的评标委员会负责；评标委员会应当按照招标文件确定的评标标准和方法，对投标文件进行评审；投标文件没有对招标文件的实质性要求和条件作出响应，评标委员会应当否决其投标。

【法院裁判】法院认为，该案中，某某建设集团有限公司（以下简称某某公司）主张某某公司参与新阳路项目投标时没有响应招标文件4.2.1“参加本项目投标的项目负责人中标后不得同时在两个或两个以上的建设工程项目上担任项目负责人”的要求，主张其项目经理肖某某同时担任环卫工程项目经理，违反《广东省实施〈中华人民共和国招标投标法〉办法》第二十九条“投标人编制的投标文件必须全面响应招标文件提出的各条款的实质性要求。施工和监理项目招标的潜在投标人,不得安排同一项目负责人或者主要技术人员同时参加两个或者两个以上施工、监理项目的投标”的规定,对于某某公司的该异议,应当由招标人恒财公司进行答复。该案招标文件第29.1条也明确规定“评标工作由评标委员会负责”。据此,投标人在参加投标过程中是否存在未响应招标文件实质性要求和条件的行为,认定权在评标委员会。经查,第三人某某公司项目经理肖某某作为新阳路项目的项目负责人,此前已经作为某某公司中标的环卫工程的项目负责人,至于某某公司的投标文件是否违反《广东省实施〈中华人民共和国招标投标法〉办法》[①]第二十九条关于不得安排同一项目负责人同时参加两个或者两个以上施工、监理项目的投标,是否属于未响应招标文件的实质性要求和条件,是否应取消中标资格等,均应由评标委员会认定。阳江市住房和城乡规划建设局(以下简称阳江住建局)无权直接对某某公司提出的异议作出处理,其收到招标人恒财公司转来的某某公司提出的投诉后,应当依法告知由招标人恒财公司进行答复。阳江住建局对某某公司提出的异议作出处理时,认定某某公司于2017年3月1日提交项目经理变更申请与法院查明的于2017年5月22日报建设单位襄阳市城市管理执法局,襄阳市城市管理执法局于2017年5月23日盖章同意变更的事实不符。由于阳江住建局无权直接对某某公司提出的异议作出处理,故其作出的涉案处理决定程序违法,依照《行政诉讼法》第七十条第三款的规定应予以撤销。

80 如何理解“投标报价低于成本”?

答:根据《招标投标法实施条例》第五十一条的规定,若评标委员会认为投标人的“投标报价低于成本”则应当否决其投标,评标委员会如何认定“低于成本”,对此应作如何理解呢?参考《中华人民共和国招标投标法实施条例释义》

① 该文件已被修改,现为《广东省实施〈中华人民共和国招标投标法〉办法》(2018年修订)。

（中国计划出版社 2012 年版）一书，这里的“成本”是指投标人的个别成本，不是社会平均成本，也不是行业平均成本，投标人以低于社会平均但不低于其个别成本的价格投标，应当是允许和鼓励的，这有利于促使投标人挖掘内部潜力，改善经营管理，提高管理水平。在评标过程中，若评标委员会发现投标人的报价明显低于其他投标人报价或者在设有标底时明显低于标底，可能低于其个别成本，应当启动澄清程序，要求该投标人作出书面说明并提供相应证据材料，投标人不能合理说明或者不能提供相关证明材料的，评标委员会应当认定投标人以低于成本报价竞争，否决其投标。

【案例】程某蕾、广安市中光建设工程有限公司等建设工程施工合同纠纷案［（2021）川 1602 民初 1373 号］

裁判要旨：投标人不得以低于成本的报价竞标，否则，评标委员会应当否决其投标。

【法院裁判】法院认为，本案中原告程某蕾中标价为 666 元/平方米，最高限价是 712.5 元/平方米，按照广安市中光建设工程有限公司（以下简称中光公司）的招标文件的要求，最低报价不能低于最高限价的 85%，即 712.5 元/平方米 ×85% =605.625 元/平方米，竞选人综合单价报价低于最低限价的为无效报价。设置最低限价的目的是杜绝低价中标，保证案涉工程质量。法院认定案争的水电安装部分工程属于程某蕾的施工合同约定的范围。原告陈某蕾承认水电安装部分工程其并未实施，如果将水电安装工程部分的工程款扣减后计算出来的工程单价必然明显低于中标文件的最低价。依据中光公司招标文件规定，最低报价低于 605.625 元/平方米就属于无效报价，因此，陈某蕾的中标属于无效中标，当然，亦不能作为本案工程价款结算条款予以参照。根据《招标投标法》第三十三条、《招标投标法实施条例》第五十一条的规定，投标人不得以低于成本的报价竞标，否则，评标委员会应当否决其投标。法律禁止投标人以低于成本的报价竞标，主要目的是规范招标投标活动，避免不正当竞争，保证项目质量，维护社会公共利益，如果确实存在低于成本价投标的，应当依法确认中标无效，并相应认定建设工程施工合同无效。但是，对何谓“成本价”应作正确理解，所谓“投标人不得以低于成本的报价竞标”，应指投标人投标报价不得低于其为完成投标项目所需支出的企业个别成本。《招标投标法》并不妨碍企业通过提高管理水平和经济效益降低个别成本以提升其市场竞争力。本案中，光公司发布的招标文件明确规定，低于本工程最高限价的85%，即投标报价低于605.625元/平方米就属于无效报价。原告程某蕾及被告中光公司在庭审中均认可原告的工程价款在扣除水电安装工程价款后的实际报价会明显低于了本工程最高限价的85%即605.625元/平方米，属于无效报价，已中标且工程已经完成的，中标单位亦可以请求不作为结算的依据。法院遵循维护招投标秩序、保证工程质量、平衡各方利益、公平公正的原则，以中光公司发布的招标文件确定的最低限价605.625元/平方米作为程某蕾与中光公司工程价款的结算单价。

81 对评标结果的异议应在何时提，向谁提？

答：对依法必须招标的项目的评标报告有异议的，应当在中标候选人公示期内向招标人提出。

中标候选人公示后，投标人或者利害关系人能够根据招标文件规定的评标标准和方法、开标情况等，作出评标结果是否符合有关规定的判断，如评标结论是否符合招标文件规定的标准和方法等，因此，投标人或者利害关系人对评标结果的异议应当在公示期间提出，以便招标人及时采取纠正措施，招标人拒绝自行纠正或者无法自行纠正的，投标人、招标人或者利害关系人均可根据《招标投标法实施条例》第六十条规定向行政监督部门提出投诉，以维护自己的合法权益。

需要指出的是，投标人对评标结果有异议须在中标候选人公示期间内提出，若在公示期间内未提出，则不能径行向行政监督部门投诉，此时投诉将不予受理。

【案例】山东滨州城建集团有限公司（原山东滨州城建集团公司）、东明县人民政府、中儒科信达建设集团有限公司等建筑招标行政处理纠纷案［（2021）鲁17行终74号］

裁判要旨：投标人或者其他利害关系人对依法必须进行招标的项目的评标结果有异议的，应当在中标候选人公示期间提出。招标人应当自收到异议之日起3日内作出答复；作出答复前，应当暂停招标投标活动。

【法院裁判】法院认为，《招标投标法》第六十五条规定："投标人和其他利害关系人认为招标投标活动不符合本法有关规定的，有权向招标人提出异议或者依法向有关行政监督部门投诉。"《招标投标法实施条例》第五十四条第二款规定："投标人或者其他利害关系人对依法必须进行招标的项目的评标结果有异议的，应当在中标候选人公示期间提出。招标人应当自收到异议之日起3日内作出答复；作出答复前，应当暂停招标投标活动。"第六十条规定："投标人或者其他利害关系人认为招标投标活动不符合法律、行政法规规定的，可以自知道或者应当知道之日起10日内向有关行政监督部门投诉。投诉应当有明确的请求和必要的证明材料。就本条例第二十二条、第四十四条、第五十四条规定事项投诉的，应当先向招标人提出异议，异议答复期间不计算在前款规定的期限内。"第六十一条第一款、第二款规定："投诉人就同一事项向两个以上有权处理的行政监督部门投诉的，由最先收到投诉的行政监督部门负责处理。行政监督部门应当自收到投诉之日起3个工作日内决定是否受理投诉，并自受理投诉之日起30个工作日内作出书面处理决定；需要检验、检测、鉴定、专家评审的，所需时间不计算在内。"原告在中标候选人公示期间针对评标结果向招标人菜园集镇政府提出了异议。之后原告又对菜园集镇政府及招标代理机构出具的异议答复函不服向被告东明住建局投诉。根据上述法律规定，被告东明住建局具有受理上述原告投诉，并作出相应投诉处理决定的职权。

82 投标人发现评标委员会不按照招标文件规定的评标标准和方法评标该怎么办？

答：投标人可以向行政监督部门进行投诉，行政监督部门应视情况，对评标委员会成员给予取消评标专家资格的处罚。

评标委员会按照招标文件规定的评标标准和评标方法评标，客观独立公正评标是评标委员会最起码的职业操守，评标委员会背离招标文件规定的评标标准和方法评标，难以保证评标结果的公正性，这种不客观、不负责任的执业行为，应当受到相应处罚。《招标投标法实施条例》第七十一条规定："评标委员会成员有下列行为之一的，由有关行政监督部门责令改正；情节严重的，禁止其在一定期限内参加依法必须进行招标的项目的评标；情节特别严重的，取消其担任评标委员会成员的资格：（一）应当回避而不回避；（二）擅离职守；（三）不按照招标文件规定的评标标准和方法评标；（四）私下接触投标人；（五）向招标人征询确定中标人的意向或者接受任何单位或者个人明示或者暗示提出的倾向或者排斥特定投标人的要求；（六）对依法应当否决的投标不提出否决意见；（七）暗示或者诱导投标人作出澄清、说明或者接受投标人主动提出的澄清、说明；（八）其他不客观、不公正履行职务的行为。"

上述第（三）项"不按照招标文件规定的评标标准和方法评标"的情形在实践中经常出现，有时是评标成员的个人行为，有时是评标委员会集体行为。比如，共同商定修改原招标文件，增加、减少评审因素或者调整评审权重，不按照招标文件规定的评审标准进行评审或者不按招标文件规定的方法推荐中标候选人。对于评标委员会的行为，投标人可以根据上述规定，要求行政监督部门给予处罚，情节严重的，行政监督部门可以取消评标委员会评标资格。

【案例】安徽廷煜信息科技有限公司、全椒县公共资源交易监督管理局、滁州市应用技术学校等其他行政管理案［（2021）皖1124行初7号］

裁判要旨：评标委员会成员不按照招标文件规定的评标标准和方

法评标的，由有关行政监督部门责令改正；情节严重的，禁止其在一定期限内参加依法必须进行招标的项目的评标；情节特别严重的，取消其担任评标委员会成员的资格。

【法院裁判】2020 年 6 月 12 日，全椒县公共资源交易监督管理局（以下简称全椒县公管局）作出全公管复（2020）5 号全椒县职业教育中心新校区报告厅、道德讲堂、小会议室等采购及安装项目一标段投诉处理决定书，关于投诉人廷煜公司投诉事项 1 和 2，经过调查，投诉事项属实，全椒县公管局予以支持。关于投诉事项 3，经过调查，代理机构与投诉人对交易文件理解存在偏差。关于投诉事项 1 和 2，评标委员会评审存在错误，依据《招标投标法实施条例》第七十一条第三项的规定，全椒县公管局责令该项目评标委员会改正，对评标专家依据《安徽省评标评审专家考评办法》进行处理。关于投诉事项 3，本着公开公平公正的原则，全椒县公管局责令代理机构补充公示中标人业绩。安徽廷煜信息科技有限公司（以下简称廷煜公司）因不服该决定书，向法院提起行政诉讼。

法院认为，全椒县公管局职责包括依法监督管理全椒县内公共资源交易活动，处理交易活动中的举报、投诉，查处交易活动中违法违规行为，全椒县公管局具有作出该案投诉处理决定书的职权。该案争议的焦点是，南工公司就涉案项目投标标书中所投产品技术参数不能响应招标文件的技术参数要求，是否属于提交虚假材料中标的情形，中标是否符合招投标相关法律规定？全椒县公管局作出的全公管复（2020）5 号全椒县职业教育中心新校区报告厅、道德讲堂、小会议室等采购及安装项目一标段投诉处理决定书是否有事实和法律依据。

《招标投标法》第三十三条规定，投标人不得以低于成本的报价竞标，也不得以他人名义投标或者以其他方式弄虚作假，骗取中标。《招标投标法实施条例》第四十二条规定，使用通过受让或者租借等方式获取的资格、资质证书投标的，属于《招标投标法》第三十三条规定的以他人名义投标。投标人有下列情形之一的，属于《招标投标法》第三十三条规定的以其他方式弄虚作假的行为：（1）使用伪造、变造的许可证件；（2）提供虚假的财务状况或者业绩；（3）提供虚假的项目负责人或者主要技术人员简历、劳动关系证明；（4）提供虚假的信用状况；（5）其他弄虚作假的行为。该案中，全椒县公管局认定南工公司报价清单中所投产品与交易文件参数存在偏离，该投诉属实，初次评审的结果错误，应当由评审委员会负责，由评标委员会进行重新评审。法院认为，南工公司提交的设备参数系招标文件中允许存在的负偏离情形，不属于提交虚假材料中标的情形，评标委员会更正后，中标人南工公司仍居所有投标单位的第一名，南工公司中标符合招投标的相关法律规定，故全椒县公管局作出的全公管复(2020)5 号全椒县职业教育中心新校区报告厅、道德讲堂、小会议室等采购及安装项目一标段投诉处理决定书程序合法，认定事实清楚，适用法律正确。廷煜公司要求撤销该决定并要求全椒县公管局重新作出决定的诉讼请求，无事实和法律依据，对此法院不予支持。

83 评标委员会可以要求投标人澄清实质性内容吗？

答：评标委员会不得要求投标人澄清实质性内容。

评标委员会在评标时，对投标文件进行评审和比较时，遇到投标文件所载事项不明确、不清楚的地方，可以要求投标人对此予以澄清或说明，以便客观地对评标文件进行审查或比较，准确了解投标人真实意思，这就是评标过程中“澄清”程序价值所在。

《招标投标法实施条例》第五十二条规定，“投标文件中有含义不明确的内容、明显文字或者计算错误，评标委员会认为需要投标人作出必要澄清、说明的，应当书面通知该投标人。投标人的澄清、说明应当采用书面形式，并不得超出投标文件的范围或者改变投标文件的实质性内容。评标委员会不得暗示或者诱导投标人作出澄清、说明，不得接受投标人主动提出的澄清、说明”。根据该条规定，评标委员会可以要求投标人“澄清、说明”，但“澄清、说明”必须在特定情形下进行，只有出现投标文件中有含义不明确的内容、明显文字或者计算错误的情形时，才能启动澄清、说明程序，但澄清、说明不能超出投标文件的范围或者改变投标文件的实质性内容，即不得涉及投标价格、工期、质量标准等实质性内容。不得利用澄清机会对这些实质性内容进行修改或变相修改，作出这些规定的目的就在于，防范招标人和投标人串通改变竞争格局，破坏竞争秩序，确保招标活动的公平公正。

【案例】中国工程物理研究院应用电子学研究所与兰州宇荣设备科技有限公司招标投标买卖合同纠纷案[(2020)川0704民初483号]

裁判要旨：投标文件中有含义不明确的内容、明显文字或计算错误，评标委员会认为需要投标人作出必要澄清、说明的，应当书面通知该投标人。投标人的澄清、说明应当采用书面形式，并不得超过投标文件的范围或者改变投标文件的实质性内容。评标委员会不得暗示或者诱导投标人作出澄清、说明，不得接受投标人主动提出的澄清、说明。

【法院裁判】法院认为，原告中国工程物理研究院应用电子学研究所委托中国工程物理研究院物资部采购供水装置，中国工程物理研究院物资部通过招投标的方式采购供水装置，被告兰州宇荣设备科技有限公司在投标后就软水装置存在的技术问题通过书面方式进行澄清和回复，后被告中标采购项目，中国工程物理研究院物资部代理原告与被告签订了《采购合同》，该代理行为的法律后果应由原告承担。首先，关于合同的效力问题。原告在招标文件中对软水装置明确要求装置采用集装箱式整体结构，材质为不锈钢。被告在投标文件中的技术部分关于软水装置第四条技术要求中也载明“装置采用集装箱整体结构，框架材料选用不锈钢，且满足火车运输一级不超限”，但在商务部分投标分项报价表中，集装箱式软水器分项报价表显示设备名称“标准集装箱体”、材质“碳钢”、单价“7.56万元”，且在上述软水装置技术部分第十条集装箱式软水系统配置表格中也记载设备名称“标准集装箱体”、材质“碳钢”。被告的投标文件本身存在不一致之处，被告应原告的通知，其通过书面澄清和承诺的方式向原告回复，为满足原告不锈钢的指标要求，将采用军用方舱供货，原告表示无异议，被告遂中标该采购项目。依照《招标投标法实施条例》第五十二条“投标文件中有含义不明确的内容、明显文字或者计算错误，评标委员会认为需要投标人作出必要澄清、说明的，应当书面通知该投标人。投标人的澄清、说明应当采用书面形式，并不得超过投标文件的范围或者改变投标文件的实质性内容。评标委员会不得暗示或者诱导投标人作出澄清、说明，不得接受投标人主动提出的澄清、说明”的规定，该案中被告的澄清内容中涉及的“按指标要求提供军用方舱”，应属于超出投标文件的范围或改变了投标文件的实质性内容，且被告是应原告的通知，而非受评标委员会的通知，故该澄清违反了上述行政法规的强制性规定。被告在开标后实质性改变软水装置的投标内容，该实质性改变将会对被告能否中标该采购项目造成必然影响，而且该行为有损招投标的公开、公平、公正性，也势必对其他投标人的合法权益造成损害。正是软水装置采用碳钢材质的标准集装箱和军用方舱的成本存在较大差距，才造成原告与被告在采购合同实际履行中产生较大分歧。依照《民法总则》第一百五十三条①“违反法律、行政法规的强制性规定的民事法律行为无效，但是该强制性规定不导致该民事法律行为无效的除外。违背公序良俗的民事法律行为无效”的规定，该案中被告违反《招标投标法实施条例》而中标，其与原告签订的《采购合同》应属无效合同。又依照《合同法》第五十八条②“合同无效或者被撤销后，因该合同取得的财产，应当予以返还；不能返还或者没有必要返还的，应当折价补偿。有过错的一方应当赔偿对方因此所受到的损失，双方都有过错的，应当各自承担相应的责任”的规定，现《采购合同》无效，双方应负互相返还义务。

84 如何从程序上保证评标结果的公正性？

1. 依法组建评标委员会。我国《招标投标法》第三十七条第二款规定，评标委员会由招标人代表和有关技术和经济等方面的专家共同组成，同时，其人员必须是5个以上的单数，并且，其中的技术、经济等方面的专家人数还不得少于

① 《民法典》自2021年1月1日起施行，《民法总则》已被废止。现相关内容规定于《民法典》第一百五十三条：“违反法律、行政法规的强制性规定的民事法律行为无效。但是，该强制性规定不导致该民事法律行为无效的除外。违背公序良俗的民事法律行为无效。”

② 《民法典》自2021年1月1日起施行，《合同法》已被废止。现该条规定于《民法典》第一百五十七条：“民事法律行为无效、被撤销或者确定不发生效力后，行为人因该行为取得的财产，应当予以返还；不能返还或者没有必要返还的，应当折价补偿。有过错的一方应当赔偿对方由此所受到的损失；各方都有过错的，应当各自承担相应的责任。法律另有规定的，依照其规定。”

成员总数的2/3。这就是我国法定的评委会成员结构,在实际招投标工作中,各有关方面只有严格地遵守执行这项基本规定,才能充分地提高其“综合”性的评审效果,才能使评审活动更加客观公正。

2. 严格控制评标委员会的成立时间。根据《评标委员会和评标方法暂行规定》第八条第二款的规定,评标委员会成员名单一般应于开标前确定。评标委员会成员名单在中标结果确定前应当保密。在实际操作过程中,为了确保评审工作的客观公正性,有效防范暗箱操作和各种腐败行为的发生,对评标委员会的组成时间必须十分谨慎,评标委员会产生的最佳时间最好应当选在“公开开标”日期到来之前的半天。

3. 依法随机抽取评标专家。根据《评标委员会和评标方法暂行规定》第十条的规定,除去采取随机抽取方式确定的专家难以保证胜任的情况,评标专家应当采取随机抽取方式从依法组建的专家库内的相关专家名单中确定。只有这样才能有效地防范各种暗箱操作行为,切实维护各有关当事人的合法权益。

4. 评标前规范和统一评审对象。只要是投标人在规定时间里送达的有效标书,其标书上所有内容都必须作为评审的对象,纳入评审的内容,既不可“断章取义”,又不可“随口添加”标书中没有的信息,更不能随意理解或误解标书的内容。

5. 制定“最佳”评审标准。最佳的“评审标准”应当是“合理低价中标”原则,以这种“合理低价”中标法来确定最佳的中标候选人,既能防止一些投标人压低报价“恶意”抢标,又可防范部分投标人串通一气,以不正当手段高价围标,从而能够更为客观公正地评选出理想的中标候选人。

6. 评标前对评标委员会的工作进一步明确评审纪律。所有的评审工作人员都必须严格实行“回避”制度,在具体的评审活动中,所有的评标工作人员必须全程关闭手机等通信工具,不得随意进出评审工作场所,不得私自接触任何投标人,不得把自己的“意愿”和“想法”等强加给其他评审人员,不得干扰和影响其他评审人员的独立工作,不得相互串通一气或通谋作弊等,所有的评标工作人员都必须客观、独立、公正地行使各自的评审权力,充分发表自己的见解和主张,共同推选出合乎条件的中标候选人。

7. 提交完整评标报告。由于评标委员会开展评审活动具有严格的独立性,不受其他任何外界因素的干扰和影响，可以要求评标委员会提交的评标报告，须详细地说明每位评委对每份标书的评价和意见，以及大家最终的综合性的评审结果，要进一步显示大家对"评标"工作的严肃谨慎和客观公正。同时，在评标报告中明确上述有关内容，还能达到进一步遏制和防范有些人滥用职权操纵评审结果的目的，避免了有些评审结论的产生"无凭无据"，事后却又"查无实据"的情况发生，从而使"独立"的评审工作有了再监督和再约束的环节，从而最大限度地保证评标结果的公正性。

【案例】通辽京汉置业有限公司与中建二局第四建筑工程有限公司建设工程施工合同纠纷案[（2018）最高法民申3724号]

裁判要旨：依法必须招标项目，未从评标专家库中提选专家评委，招投标程序不规范。

【法院裁判】最高人民法院经审查认为，该案中，案涉工程是住宅工程，属于《招标投标法》第三条规定的必须招投标的项目。《招标投标法》第十二条第三款规定："依法必须进行招标的项目，招标人自行办理招标事宜的，应当向有关行政监督部门备案。"第三十七条规定："评标由招标人依法组建的评标委员会负责。依法必须进行招标的项目，其评标委员会由招标人的代表和有关技术、经济等方面的专家组成，成员人数为五人以上单数，其中技术、经济等方面的专家不得少于成员总数的三分之二。前款专家应当从事相关领域工作满八年并具有高级职称或者具有同等专业水平，由招标人从国务院有关部门或者省、自治区、直辖市人民政府有关部门提供的专家名册或者招标代理机构的专家库内的相关专业的专家名单中确定；一般招标项目可以采取随机抽取方式，特殊招标项目可以由招标人直接确定……"该案中，案涉项目进行招标活动未邀请行政主管部门人员参加，参加投标报价的评委均为通辽京汉置业有限公司工作人员，未从评标委员会专家库中提选专家评委，招投标程序不规范。

85 评标委员会组成不合法对中标合同的效力有影响吗?

答:评标委员会组成不合法,对中标结果构成实质性影响,中标合同无效。

《招标投标法》第三十七条规定,"评标由招标人依法组建的评标委员会负责。依法必须进行招标的项目,其评标委员会由招标人的代表和有关技术、经济等方面的专家组成,成员人数为五人以上单数,其中技术、经济等方面的专家不得少于成员总数的三分之二。前款专家应当从事相关领域工作满八年并具有高级职称或者具有同等专业水平,由招标人从国务院有关部门或者省、自治区、直辖市人民政府有关部门提供的专家名册或者招标代理机构的专家库内的相关专业的专家名单中确定;一般招标项目可以采取随机抽取方式,特殊招标项目可以由招标人直接确定。与投标人有利害关系的人不得进入相关项目的评标委员会;已经进入的应当更换。评标委员会成员的名单在中标结果确定前应当保密"。上述规定的目的是保证中标结果的公正性,评标委员组成不合法难以保证评标结果的公正,会对评标结果造成实质性影响,该条规定属于效力性强制性规定,违反该条会造成中标结果无效,从而导致中标合同无效。

【案例】广州市第二建筑工程有限公司与黄冈中学广州学校建设工程施工合同纠纷案[(2015)粤高法民终字第12号]

裁判要旨:评标委员会组成人员是否合法对中标结果会造成实质性影响,属于效力性强制性规定。

【法院裁判】广东省高级人民法院认为,根据《招标投标法》第三十七条的规定,依法必须进行招标的项目,其评标委员会由招标人的代表和有关技术、经济等方面的专家组成,成员人数为5人以上,其中技术、经济等方面的专家不得少于成员总数的2/3。前述专家由招标人从国务院有关部门或者省、自治区、直辖市人民政府有关部门提供的专家名册或者招标代理机构的专家库内的相关专业的专家名单中确定。上述规定的目的是保证中标结果的公正性,评标委员会组成人员是否合法对中标结果会造成实质性影响,属于效力性强制性规定。

该案中，第一次招标由黄冈中学广州学校自行办理，其并未提供证据证明已按照《招标投标法》的强制性规定组成合法的评标委员会，据此其确定广州市第二建筑工程有限公司作为中标承包人违反《招标投标法》的效力性强制性规定，双方分别于2010年10月22日和27日签订的《广东省建设工程标准施工合同》以及《补充施工合同》为无效合同。

86 政府投资项目的评标专家从招标代理机构专家库抽取合法吗？

答：政府投资项目的评标专家从招标代理机构专家库抽取不合法。

根据《评标专家和评标专家库管理暂行办法》第五条的规定，政府投资项目的评标专家，必须从政府或者政府有关部门组建的评标专家库中抽取。

根据《评标委员会和评标方法暂行规定》第十条第一款的规定，评标委员会的专家成员应当从依法组建的专家库内的相关专家名单中确定。

政府投资项目的评标专家，必须从政府或者政府有关部门组建的评标专家库中抽取；同时，专家库应由省级以上人民政府有关部门或者依法成立的招标代理机构组建。非政府投资项目的评标专家选取无法律明文规定，可由投资方自行决定。

【案例】通辽京汉置业有限公司、中建二局第四建筑工程有限公司建设工程施工合同纠纷案［（2011）内民一终字第4号］

裁判要旨：案涉委托代建合同的评委是由招标人自聘专家组成，违反了《评标委员会和评标方法暂行规定》第十条评标委员会的专家成员应当从省级以上人民政府有关部门提供的专家名册或者招标代理机构的专家库内的相关专家名单中确定的规定，招标不合法。

【法院裁判】内蒙古自治区高级人民法院认为，通辽京汉置业有限公司（以下简称京汉置业公司）在组织招投标过程中，招标评委的身份违法。招标文件中显示的评委是由招标人自聘专家组成，违反了《评标委员会和评标方法暂行规定》第十条第一款“评标委员会的专家成员应当从省级以上人民政府有关部门提供的专家名册或者招标代理机构的专家库内的相关专家名单中确定”以及《最高人民法院关于审理建设工程施工合同纠纷案件适用法律问题的解释》第一条第（三）项“建设工程施工合同具有下列情形之一的，应当根据合同法第五十二条第（五）项的规定，认定无效：（三）建设工程必须进行招标而未招标或者中标无效的”[①]的规定和该案事实，京汉置业公司与中建二局第四建筑工程有限公司（以下简称中建二局四公司）所签订的上述《建设工程施工合同》应为无效。据此，京汉置业公司请求中建二局四公司支付其违约金的诉讼理由没有法律依据，法院对其诉讼请求依法不予支持。

87 《招标投标法实施条例》第六十七条中“项目合同金额”指的是什么？

答：此处的“项目合同金额”指中标项目金额。

我国《招标投标法实施条例》第六十七条第一款规定：“投标人相互串通投标或者与招标人串通投标的，投标人向招标人或者评标委员会成员行贿谋取中标的，中标无效；构成犯罪的，依法追究刑事责任；尚不构成犯罪的，依照招标投标法第五十三条的规定处罚。投标人未中标的，对单位的罚款金额按照招标项目合同金额依照招标投标法规定的比例计算。”上述法条中的“项目合同金额”是指确认中标价格后签订的合同金额，即合同金额等同于中标金额。

---

① 《最高人民法院关于审理建设工程施工合同纠纷案件适用法律问题的解释》已失效。现行规定为《最高人民法院关于审理建设工程施工合同纠纷案件适用法律问题的解释（一）》（法释〔2020〕25号）第一条：“建设工程施工合同具有下列情形之一的，应当依据民法典第一百五十三条第一款的规定，认定无效：（一）承包人未取得建筑业企业资质或者超越资质等级的；（二）没有资质的实际施工人借用有资质的建筑施工企业名义的；（三）建设工程必须进行招标而未招标或者中标无效的。承包人因转包、违法分包建设工程与他人签订的建设工程施工合同，应当依据民法典第一百五十三条第一款及第七百九十一条第二款、第三款的规定，认定无效。”

【案例】山西宝迪农业科技有限公司与中国核工业二四建设有限公司建设工程施工合同纠纷案［(2019)最高法民申5242号］

裁判要旨：投标人的工作人员以招标人代表身份参与评标，招标人在招投标程序开始前与投标人就合同实质性内容达成一致意见，上述行为构成招标人与投标人串通投标，中标无效，订立的合同亦无效。

【法院裁判】最高人民法院经审查认为，关于《20150605合同》的效力问题，首先，根据山西宝迪农业科技有限公司（以下简称宝迪公司）一审中出示的评标报告、开标、评标阶段记录文件和《20150605合同》的记载内容，谌某作为中国核工业二四建设有限公司（以下简称核建公司）的工作人员，却以宝迪公司代表的身份成为评标委员会成员参与评标，依据《招标投标法》第三十七条第四款关于"与投标人有利害关系的人不得进入相关项目的评标委员会；已经进入的应当更换"的规定，谌某进入评标委员会确属不当。《20140715合同》的签订表明，宝迪公司作为招标人在招投标程序开始前与投标人核建公司就工程范围、建设工期、工程价款等实质性内容达成一致意见，而谌某进入评标委员会，核建公司中标，上述行为符合《招标投标法实施条例》第四十一条第二款第六项规定的"招标人与投标人为谋求特定投标人中标而采取的其他串通行为"情形，属于招标人与投标人串通投标。依据《招标投标法》第五十三条的规定，核建公司的中标无效。根据《最高人民法院关于审理建设工程施工合同纠纷案件适用法律问题的解释》第一条第（三）项"建设工程施工合同具有下列情形之一的，应当根据合同法第五十二条第（五）项的规定，认定无效：（三）建设工程必须进行招标而未招标或者中标无效的"①的规定，因核建公司的中标无效，故宝迪公司与其签订的《20150605合同》应为无效，故二审判决对该合同的效力认定不当。

---

① 《最高人民法院关于审理建设工程施工合同纠纷案件适用法律问题的解释》已失效。现行规定为《最高人民法院关于审理建设工程施工合同纠纷案件适用法律问题的解释（一）》（法释〔2020〕25号）第一条："建设工程施工合同具有下列情形之一的，应当依据民法典第一百五十三条第一款的规定，认定无效：（一）承包人未取得建筑业企业资质或者超越资质等级的；（二）没有资质的实际施工人借用有资质的建筑施工企业名义的；（三）建设工程必须进行招标而未招标或者中标无效的。承包人因转包、违法分包建设工程与他人签订的建设工程施工合同，应当依据民法典第一百五十三条第一款及第七百九十一条第二款、第三款的规定，认定无效。"

第五章 中标法律实务问答

88 招标人只公示排名第一的中标候选人，可以吗？

答：对于强制招标项目，招标人不能只公示排名第一的中标候选人，应当公示所有中标候选人，对于非强制招标项目是否公示候选人，由招标人自主决定。

《招标投标法实施条例》第五十四条规定，“依法必须进行招标的项目，招标人应当自收到评标报告之日起3日内公示中标候选人，公示期不得少于3日。投标人或者其他利害关系人对依法必须进行招标的项目的评标结果有异议的，应当在中标候选人公示期间提出。招标人应当自收到异议之日起3日内作出答复；作出答复前，应当暂停招标投标活动”。

本条将公示候选人的项目限于依法必须招标的项目，公示中标候选人符合公开原则，有利于进一步加强社会监督，保证评标结果公平和公正。对于其他非必须招标的项目是否公示以及如何公示由招标人自主决定，这也体现了《招标投标法实施条例》对招标项目实行差别化管理，以突出监管重点的立法精神。

本条规定的“公示候选人”是指公示全部候选人，而不是只公示排名第一的候选人，除非因异议、投诉等改变了中标候选人名单或者排名次序，全部中标候选人同时公示而不是公示排名第一的中标候选人，对于国有资金投资占控股或者主导地位的项目尤为重要，可以避免在出现《招标投标法实施条例》第五十五条规定的情形时重复公示，以兼顾效率。相应地，投标人或其他利害关系人若对中标候选人有异议，其异议应当针对全部中标候选人，而不能仅针对排名第一的候选人，否则可能丧失对排名第二或第三中标候选人的投诉或异议权利。

【案例】上海飞来飞去展览设计工程有限公司、上海海直建设工程有限公司等与浙江湘湖旅游度假区投资发展有限公司缔约过失责任纠纷案[（2020）浙0109民初10644号]

裁判要旨：依法必须进行招标的项目，招标人应当自收到评标报告之日起3日内公示中标候选人,公示期不得少于3日。

【法院裁判】2019年12月20日,被告浙江湘湖旅游度假区投资发展有限公司组织开评标。经评标委员会评审,二原告组成的联合体为评分第一名并成为中标候选人。2020年1月10日,被告组织定标会议,确定杭州正野装饰设计有限公司与丹青创艺设计咨询(上海)有限公司组成的联合体为中标人。2020年1月13日,被告发布中标公告,载明中标人为杭州正野装饰设计有限公司(联合体牵头方)、丹青创艺设计咨询(上海)有限公司(联合体成员),并公布了未中标单位的设计补偿费用,其中二原告组成的联合体的补偿费用为300000元。

之后,二原告对中标结果提出异议,被告于2020年3月15日向二原告出具回复函,宣布本次公开征集活动无效。二原告继续向被告发送律师函,要求被告与二原告签订合同等。同时,二原告向招标投标管理办公室提起投诉,该办公室于2020年3月23日受理,于2020年4月21日作出投诉处理决定书,认为:"(一)本项目建设单位浙江湘湖旅游度假区投资发展有限公司为国有独资企业,项目资金来源为其自有资金,公开征集内容包括工程建设有关的设计服务且单项合同估算价在100万元以上,故本项目系依法必须进行招标的项目;……(五)资格后审项目,采用有限数量制,属于《招标投标法实施条例》第三十二条第二款第七项规定的以其他不合理条件限制、排斥潜在投标人或者投标人的情形,违反了《招标投标法》第十八条第二款、《招标投标法实施条例》第三十二条第一款规定。(六)资格后审项目,在开标前由招标代理机构对报名的单位进行资格初审,否定潜在投标人的投标资格,违反了《招标投标法实施条例》第二十条规定。(七)上海飞来飞去展览设计工程有限公司、杭州黑曜石展示设计有限公司、浙江浙大中控信息技术有限公司、丹青创艺设计咨询(上海)有限公司、誉都思建筑咨询(北京)有限公司的资质均不符合征集公告要求的境内企业应当具备的相应资格条件,上述公司不具备承担本项目的相应能力。上海飞来飞去展览设计工程有限公司与上海海直建设工程有限公司联合体、龙邦建设股份有限公司、杭州黑曜石展示设计有限公司与浙江浙大中控信息技术有限公司联合体、杭州正野装饰设计有限公司与丹青创艺设计咨询(上海)有限公司联合体、杭州国美建筑设计研究院有限公司、誉都思建筑咨询(北京)有限公司与 AsproInformationTechnologies 联合体投标资格不符合《招标投标法》第三十一条第二款‘联合体各方均应当具备承担招标项目的相应能力；国家有关规定或者招标文件对投标人资格条件有规定的，联合体各方均应当具备规定的相应资格条件’的规定，属于《招标投标法实施条例》第五十一条第三项‘投标人不符合国家或者招标文件规定的资格条件’规定的应当否决投标的情形。本项目评标委员会没有按照《招标投标法》第三十一条第二款、《招标投标法实施条例》第五十一条第三项的规定提出否决意见，违反了《招标投标法实施条例》第四十九条第一款规定。（八）被投诉人未对中标候选人进行公示，违反了《招标投标法实施条例》第五十四条第一款规定。（九）‘评定分离’是我区依据《国家发展改革委关于浙江省开展国家规范与创新招投标试点工作方案的批复》（发改法规〔2011〕3007 号）等文件批复，开展深化工程建设项目招投标机制的一项改革措施，目前相关法律、法规和规章未对‘评定分离’有明确规定。被投诉人未在征集文件中对如何实施‘评定分离’予以明确，存在瑕疵。（十）本项目在此次招标（征集）活动中存在上述违反法律、法规的行为，对中标结果造成实质性影响，且不能采取补救措施在本次招投标（征集）活动中予以纠正。被投诉人依据《招标投标法实施条例》第八十一条规定作出此次征集活动无效并无不妥。”

89 招标人应当在何时公示中标候选人，公示期限最少多少日？

答：《招标投标法实施条例》第五十四条第一款中规定，“招标人应当自收到评标报告之日起 3 日内公示中标候选人，公示期不得少于 3 日”。通过该款规定可知，公示的起始时间从招标人收到评标报告之日 3 日内，公示与公告均是为了更好地发挥社会监督作用的制度，二者的区别在于向社会公开的时间点不同，前者是在最终结果确定前，后者是在最终结果确定后。根据《招标投标法》第四十五条、第四十六条的规定，招标人确定中标人后就应当向中标人发出中标通知书，中标通知书发出后，除非出现中标无效的情形，中标通知书对招标人和投标人均具有法律约束力，因此在中标人未确定前，公示中标候选人更有利于发挥社会监督作用，保障社会监督效果。本条规定的是公示中标候选人，表明公示的时间点一定是中标候选人确定后中标人确定前。招标人收到评标报告时，中标候选人已经确定，具备公示条件。

为提高招标效率，本款规定公示起始时间为收到评标报告后3日内，需要说明的是，招标人安排公示时间应尽量避免长假前或长假中，否则可能会出现指定媒介或者其他合法的公示媒介不能及时安排公示的问题。

公示时间最少不能少于3日。本款规定的公示期限是一个低限规定，具体公示期限应当综合考虑媒介、节假日、交通通信条件和潜在投标人的地域范围等情况合理确定，以保证公示效果。

【案例】黑龙江省滑模建筑工程公司与哈尔滨新一房地产开发有限责任公司建设工程施工合同纠纷案［（2017）最高法民再51号］

裁判要旨：招标人并未发出中标通知书，因此双方未就此达成合意，合同未成立。

【法院裁判】最高人民法院认为，《招标投标法》第四十五条规定："中标人确定后，招标人应当向中标人发出中标通知书，并同时将中标结果通知所有未中标的投标人。中标通知书对招标人和中标人具有法律效力……"第四十六条第一款规定："招标人和中标人应当自中标通知书发出之日起三十日内，按照招标文件和中标人的投标文件订立书面合同……"黑龙江省滑模建筑工程公司（以下简称滑模公司）投标为要约，交易中心发出中标通知书为承诺，又根据《合同法》①第二十六条"承诺通知到达要约人时生效"和第二十五条"承诺生效时合同成立"的规定，只有在交易中心向滑模公司发出的中标通知书到达滑模公司时，招投标行为始告完成，双方基于招投标行为而形成的合同始告成立。该案中，交易中心并未向滑模公司发出中标通知书，因此双方未就此达成合意，以滑模公司投标价格为基础的合同并未成立，亦不能作为判定双方权利义务的依据，故滑模公司主张以其投标价作为核算工程款的标准，没有事实依据，法院不予支持。

① 《民法典》自2021年1月1日起施行。《合同法》同时废止。

90 在确定中标人前，招标人与中标人进行实质性谈判会影响中标合同效力吗？

答：对于依法必须招标的项目，招标人在确定中标人之前与投标人就投标价格、投标方案进行实质性谈判，对中标结果构成影响的，中标无效，中标合同亦无效。

《招标投标法》第四十三条规定："在确定中标人前，招标人不得与投标人就投标价格、投标方案等实质性内容进行谈判。"第五十五条规定，"依法必须进行招标的项目，招标人违反本法规定，与投标人就投标价格、投标方案等实质性内容进行谈判的，给予警告，对单位直接负责的主管人员和其他直接责任人员依法给予处分。前款所列行为影响中标结果的，中标无效"。《最高人民法院关于审理建设工程施工合同纠纷案件适用法律问题的解释（一）》第一条第一款规定："建设工程施工合同具有下列情形之一的，应当依据民法典第一百五十三条第一款的规定，认定无效：……（三）建设工程必须进行招标而未招标或者中标无效的……"

【案例】远海建工（集团）有限公司与新疆厚德置业有限公司、新疆厚德置业有限公司哈密分公司建设工程施工合同纠纷案［（2016）最高法民终736号］

裁判要旨：在确定中标人前，招标人与投标人就投标价格、投标方案等实质性内容进行谈判，违反了《招标投标法》第四十三条规定，双方所签订的《建安工程施工补充协议》无效，中标无效。中标后签订的《建设工程施工合同》亦应认定无效。补充协议及施工合同虽被认定无效，但在认定无效之前双方在履约时仍应遵循诚实信用原则，承包人逾期竣工，导致发包人逾期交房并向第三方赔偿，承包人对此应承担赔偿责任。

【法院裁判】最高人民法院认为，关于焦点一，《建安工程施工补充协议》及

《建设工程施工合同》的效力如何认定的问题。《招标投标法》第四十三条规定："在确定中标人前，招标人不得与投标人就投标价格、投标方案等实质性内容进行谈判。"第五十五条规定："依法必须进行招标的项目，招标人违反本法规定，与投标人就投标价格、投标方案等实质性内容进行谈判的，给予警告，对单位直接负责的主管人员和其他直接责任人员依法给予处分。前款所列行为影响中标结果的，中标无效。"案涉工程的性质为商品住宅，施工合同估算价超过200万元，依据《招标投标法》第三条、《工程建设项目招标范围和规模标准规定》第三条、第七条[①]之规定，属于必须进行招标的项目。双方当事人对于必须进行招标的项目，在招标开始前就签订了《建安工程施工补充协议》，确定了远海建工（集团）有限公司（以下简称远海公司）为施工人，并对工程范围、工期、工程价款等作了具体明确的约定，属于就"实质性内容进行谈判"的情形，违反了《招标投标法》第四十三条规定，故两份《建安工程施工补充协议》应为无效。同时，上述行为影响中标结果，依据《招标投标法》第五十五条的规定，中标应认定无效。中标无效后，根据《最高人民法院关于审理建设工程施工合同纠纷案件适用法律问题的解释》第一条的规定，中标后签订的《建设工程施工合同》亦应认定无效，一审判决对此认定并无不当。远海公司主张《建安工程施工补充协议》及《建设工程施工合同》因缔约主体均为分公司、不具备相应资质而应认定无效，但根据《公司法》第十四条的规定，"分公司不具有法人资格，其民事责任由公司承担"[②]，故虽然《建安工程施工补充协议》及《建设工程施工合同》的缔约主体为分公司，但行为后果和民事责任均由远海公司和新疆厚德置业有限公司承担，而远海公司提交的资料记载，远海公司具备对案涉工程进行施工的施工资质。故远海公司关于这一点的上诉理由不能成立。

关于焦点二，案涉工程价款的结算依据如何确定的问题。在案涉4份《建安工程施工补充协议》及《建设工程施工合同》均无效的情形下，该案不再适用《最高人民法院关于审理建设工程施工合同纠纷案件适用法律问题的解释》第二十一条的规定，故《建设工程施工合同》虽为中标后签订，但不必然成为双方

① 被《国务院关于〈必须招标的工程项目规定〉的批复》废止，现无新规定。

② 现为《公司法》（2023年修订）第十三条。

结算工程价款的根据。根据该司法解释第二条规定，“建设工程施工合同无效，但建设工程经竣工验收合格，承包人请求参照合同约定支付工程价款的，应予支持”，案涉工程已经竣工验收合格，应参照合同约定支付工程价款，具体应以哪一份合同作为参照，应结合双方的实际履行情况、工程成本等因素确定。比较同一期工程所对应的《建安工程施工补充协议》及《建设工程施工合同》的具体内容，《建安工程施工补充协议》对工程价款约定了固定平米均价，《建设工程施工合同》约定了工程总价；《建安工程施工补充协议》约定固定平米均价不包含采暖、塑钢窗等甲方分包工程的造价，《建设工程施工合同》对此则没有约定。一审判决认定，案涉工程的塑钢窗和地暖工程是由第三方而非远海公司施工，远海公司对此未提起上诉，应视为认可。远海公司在二审期间主张《建设工程施工合同》约定的工程总价亦是扣除了塑钢窗和地暖费用之后的价格，但《建设工程施工合同》对此没有体现，其提交的一期工程商务标和二期工程投标书反而在（概）预算书中列明了塑钢窗和地暖费用，投标价与预算费用虽有差额，但该差额与塑钢窗和地暖费用的数额也不能完全对应，故远海公司关于这一点的主张不能成立。综上，从约定的工程价款是否扣除了甲方分包的塑钢窗和地暖费用这个角度来看，双方实际履行的应为《建安工程施工补充协议》，应参照此协议约定的计算标准和计算方法认定工程价款。《建安工程施工补充协议》约定了平米均价，乘以双方当事人均认可的一审判决认定的案涉工程的建筑面积，案涉工程总造价应为28305284.45元，一审判决对此认定并无不当，远海公司关于此点的上诉理由不能成立。

91 哪些情形下中标无效？

答：中标无效是指招标人作出的中标决定没有法律效力。中标无效后在招标人尚未与中标人签订书面合同的情况下，招标人没有与中标人签订书面合同的义务，中标人失去了与招标人签订合同的权利；在招标人已经与中标人签订书面合同的情况下，所签订的建设工程施工合同无效。

根据《招标投标法》及《招标投标法实施条例》的规定，中标无效有下列九种情形。

（1）招标代理机构泄密，影响中标结果的。招标代理机构违反《招标投标法》规定，泄露应当保密的与招投标有关的情况和资料，从而影响中标结果的。

（2）招标代理机构与招标人、投标人串通损害国家利益、社会公共利益或者他人合法权而影响中标结果的。

（3）依法必须进行招标的项目的招标人向他人透露已获取招标文件的潜在投标人的名称，或者可能影响公平竞争的有关招标投标的其他情况，或者泄露标底，从而影响中标结果的。

（4）投标人相互串通投标或者与招标人串通投标的。

（5）投标人以向招标人或者评标委员会成员行贿的手段谋取中标的。

（6）投标人以他人名义投标或者以其他方式弄虚作假，骗取中标的。

（7）依法必须进行招标的项目，招标人违反《招标投标法》规定，与投标人就投标价格、投标方实质性内容进行谈判，从而影响中标结果的。

（8）招标人在评标委员会依法推荐的中标候选人以外确定中标人的。

（9）依法必须进行招标的项目在所有投标被评标委员会否决后自行确定中标人的。

【案例】江苏省国裕建设集团有限公司与伊犁华天房地产开发有限公司建设工程合同纠纷案[（2020）新4004民初178号]

裁判要旨：投标人相互串通投标或者与招标人串通投标的，中标无效。

【法院裁判】法院认为，新疆新华远景工程造价咨询有限公司出具的霍尔果斯总部基地工程1－4#楼鉴定意见情况说明写明，案涉工程的建安成本按实际完成的工程量套施工当期的定额及信息价计算得出该项目工程价款为79253054.71元，江苏省国裕建设集团有限公司（以下简称国裕建设公司）具备建筑施工企业资质，有能力在投标前按照招标人提供的图纸和技术资料依据相应的工程量计算规则计算出工程价款，却以明显低于成本的报价竞标，弄虚作假，属骗取中标行为；伊犁华天房地产开发有限公司与国裕建设公司在确定中标人前，就投标价格等实质性内容进行谈判，为谋求国裕建设公司中标签订了《建筑工程施工合同协议书》，属串通投标行为，均违反《招标投标法》的强制性规定，中标无效。中标后，双方签订的《建设工程施工合同》也无效，建设工程施工合同无效，但建设工程经竣工验收合格，承包人请求参照合同约定支付工程价款的，应予支持。

92 中标通知书到达中标人而未签订书面合同，合同成立吗？

答：中标通知书到达中标人时，招标人与中标人之间以招标文件和投标文件为内容的合同已经成立，未签订书面合同不影响合同的成立。

《招标投标法》第四十五条规定："中标人确定后，招标人应当向中标人发出中标通知书，并同时将中标结果通知所有未中标的投标人。中标通知书对招标人和中标人具有法律效力。中标通知书发出后，招标人改变中标结果的，或者中标人放弃中标项目的，应当依法承担法律责任。"本法第四十六条第一款规定："招标人和中标人应当自中标通知书发出之日起三十日内，按照招标文件和中标人的投标文件订立书面合同。招标人和中标人不得再行订立背离合同实质性内容的其他协议。"

【案例】中国石化集团资产经营管理有限公司长岭分公司与岳阳经济技术开发区富兴房地产开发有限公司等合资、合作开发房地产合同纠纷案［（2019）最高法民申2241号］

裁判要旨：在招标活动中，当中标人确定，中标通知书到达中标人时，招标人与中标人之间以招标文件和中标人的投标文件为内容的合同已经成立。签订书面合同，只是对招标人与中标人之间的业已成立的合同关系的一种书面细化和确认，其目的是履约的方便以及对招投标进行行政管理的方便，不是合同成立的实质要件。

【法院裁判】最高人民法院经审查认为，关于原审判决认定中国石化集团资产经营管理有限公司长岭分公司与岳阳经济技术开发区富兴房地产开发有限公司之间的合同成立，是否属于适用法律错误的问题，招投标活动是招标人与投标人为缔结合同而进行的活动。招标人发出招标通告或投标邀请书是一种要约邀请，投标人进行投标是一种要约，而招标人确定中标人的行为则是承诺。承诺生效时合同成立，因此，在招标活动中，当中标人确定，中标通知书到达中标人时，招标人与中标人之间以招标文件和中标人的投标文件为内容的合同已经成立。《招标投标法》第四十六条和案涉招标文件、投标文件要求双方按照招标文件和投标文件订立书面合同的规定和约定，是招标人和中标人继中标通知书到达中标人之后，也就是涉案合同成立之后，应再履行的法定义务和合同义务，该义务没有履行并不影响案涉合同经过招投标程序已成立的事实。因此，签订书面合同，只是对招标人与中标人之间的业已成立的合同关系的一种书面细化和确认，其目的是履约的方便以及对招投标进行行政管理的方便，不是合同成立的实质要件。一审法院认定涉案合同成立并无不当，最高人民法院予以维持。

93 投标人在中标通知书送达后拒绝签订书面合同，应承担何种法律责任？

答：招标人发出中标通知书后，一方不与对方签订合同的，应当依法承担相应的法律责任，包括两个方面：

一是《招标投标法》第五十九条规定的责任。该条规定："招标人与中标人不按照招标文件和中标人的投标文件订立合同的，或者招标人、中标人订立背离合同实质性内容的协议的，责令改正；可以处中标项目金额千分之五以上千分之十以下的罚款。"

二是民事责任。如果招标人发出中标通知书后不与中标人签订合同，应当退还投标保证金及赔偿投标人的其他实际损失；如果中标人不与招标人签订合同，应当承担招标人重新招标所遭受的实际损失的责任；如果双方对中标通知书发出后，一方不与对方签订书面合同的责任有约定，按照约定依法处理。

《招标投标法》第四十六条第一款规定："招标人和中标人应当自中标通知书发出之日起三十日内，按照招标文件和中标人的投标文件订立书面合同……"第六十条规定，中标人不履行与招标人订立的合同的，履约保证金不予退还，给招标人造成的损失超过履约保证金数额的，还应当对超过部分予以赔偿；没有提交履约保证金的，应当对招标人的损失承担赔偿责任。中标人不按照与招标人订立的合同履行义务，情节严重的，取消其 2 年至 5 年内参加依法必须进行招标的项目的投标资格并予以公告，直至由工商行政管理机关吊销营业执照。因不可抗力不能履行合同的，不适用前两款规定。

【案例】长泰县林墩资产运营有限公司与湖南省第六工程有限公司合同纠纷案［(2014)闽民终字第 758 号］

裁判要旨：尽管双方尚未订立书面合同，但招标文件中有关合同纠纷、事故处理办法（包括违约责任）的规定应对于双方当事人均具有法律效力。中标人弃标的，应当按照招标文件的规定赔偿招标人的损失。

【法院裁判】

(1)关于招标文件中中标人弃标的违约责任规定是否对上诉人湖南省第六工程有限公司（以下简称第六工程公司）适用的问题。

上诉人第六工程公司认为，被上诉人的招标书包含内容很多，上诉人出具的投标函仅对招标文件中部分内容进行了答复，对招标文件中约定的违约责任没有承诺。根据《合同法》第三十条①之规定，上诉人对被上诉人要约的内容已经作出了实质性变更，因此为新的要约。在上诉人没有收到被上诉人的新承诺之前，该招标文件中规定的违约责任对上诉人依法没有法律效力。

---

① 现规定于《民法典》第四百八十八条："承诺的内容应当与要约的内容一致。受要约人对要约的内容作出实质性变更的，为新要约。有关合同标的、数量、质量、价款或者报酬、履行期限、履行地点和方式、违约责任和解决争议方法等的变更，是对要约内容的实质性变更。"

被上诉人长泰县林墩资产运营有限公司(以下简称林墩公司)认为,上诉人虽未与被上诉人订立书面合同,但双方权利义务受招标文件、投标文件、中标通知书的约束。同时,投标函具有担保性质,是单方声明行为,并非对招标文件进行答复,更不是新的要约。上诉人未按照招标文件要求在规定期限内提交履约保证金、签订施工合同,并回函表示无法履约,根据《招标投标法》第四十五条、第四十六条、第六十条和《招标投标法实施条例》第七十四条、《福建省招标投标条例》第七十二条的规定,应承担相应的责任。

法院认为,招标文件第三章评标办法中已经明确将“投标人对合同纠纷、事故处理办法未提出异议”作为评审标准之一,而上诉人自愿参加投标并在投标函中明确表示其已仔细研究了施工招标文件的全部内容,且通过了评审,即说明其投标时未对招标文件中的合同纠纷、事故处理办法提出异议,并认可了有关合同纠纷、事故处理办法对其适用。同时,上诉人已经收到了中标通知书,故双方合同关系成立。根据《招标投标法》第四十六条的规定,双方应严格按照招标文件和中标人的投标文件订立书面合同。故尽管双方尚未订立书面合同,但招标文件中有关合同纠纷、事故处理办法(包括违约责任)的规定应对于双方当事人均具有法律效力。

(2)关于被上诉人林墩公司的直接经济损失能否按第一中标价与第二中标价之间的差价(2776445.67 元)来认定的问题。

上诉人第六工程公司认为,该案所涉工程概算建安总投资为 4263 万元,上诉人因失误给出的投标报价为 27240947.36 元,远远低于工程概算造价,也严重低于成本价。同时,被上诉人在取消上诉人中标资格后,确定哈尔滨市公路工程处为中标单位,中标价为 30017393.03 元,也低于工程概算造价。因此,上诉人的行为并没有给被上诉人造成直接经济损失。被上诉人以第一中标价与第二中标价之间的差价计算直接济损失,违背了公平、诚信原则。该案中,在上诉人及时通知被上诉人其无法履约后,被上诉人完全可以进行二次招标来减少损失并防止损失扩大。

被上诉人林墩公司认为,根据《评标委员会和评标方法暂行规定》第二十一条的规定,出现低于成本报价竞标的情况,由评标委员会认定,否决其投标。该案中评标委员会并未认定上诉人投标报价低于成本报价否决其投标,而是确认上诉人为第一中标人。故上诉人认为由于其中标价低于成本价,没有给被上诉人造成损失的主张完全不成立。根据该案投标文件的评标结果条款约定,第一中标人放弃中标的,可以直接确认第二中标人为中标人。根据此约定,无须再次举行招标活动。

法院认为,上诉人仅以其中标价低于工程概算造价和工程最高控制价(不含暂列金)为由,认为其中标价低于成本价的主张缺乏依据,依法不予认定,且中标价格低亦不能构成其无法履约的不可抗力原因。因此,上诉人应对其中标后拒绝履约的行为承担违约责任。由于招标文件已经对当第一中标候选人放弃中标时,招标人可直接依排名顺序确定中标人,以及中标人非因不可抗力放弃中标导致招标人从其他中标候选人中重新确定中标人的情况下,招标人直接损失的计算方法进行了明确规定,即"直接损失＝中标人的中标价与评标推荐排序次中标候选人投标报价差额",被上诉人以第一中标价格与第二中标价格之间的差价2776445.67元作为其直接经济损失的主张并无不当。

综上,法院认为,上诉人同被上诉人合同关系成立并生效。在未存在不可抗力的情况下,上诉人拒绝履约,应承担违约责任,依约向被上诉人赔偿第一中标价格与第二中标价格之间差价造成的损失2776445.67元。故除由被上诉人没收的投标保证金70万元外,上诉人还应向被上诉人赔偿经济损失2076445.67元。

94 企业低于成本价的中标是否有效?

答:企业低于成本价的中标无效。

我国《招标投标法》第三十三条规定:"投标人不得以低于成本的报价竞标,也不得以他人名义投标或者以其他方式弄虚作假,骗取中标。"第四十三条规定:"在确定中标人前,招标人不得与投标人就投标价格、投标方案等实质性内容进行谈判。"根据上述条款规定的内容可以看出,法律规定对于投标人低于成本价竞标的情况,是明令禁止的。虽然我国《招标投标法》中并未明确将低于成本价竞标的情况列入中标无效的范畴,但是根据我国《民法典》的规定,违反法律、行政法规的强制性规定的合同应属无效,投标人低于成本价竞标显然违反了我国《招标投标法》的强制性规定，应属无效。

【案例】中建三局集团有限公司与佛山市顺德区国信实业有限公司建设工程施工合同纠纷案[（2018）最高法民申4697号]

裁判要旨：《招标投标法》所称的“低于成本”，是指低于投标人为完成投标项目所需支出的个别成本，而不是低于社会平均成本。

【法院裁判】最高人民法院经审查认为，关于该案应以何种计价标准确定案涉工程土建部分造价问题。中建三局集团有限公司（以下简称中建三局）以广东诚安信工程造价咨询有限公司作出的报告书主张丰帆公司依据2005年12月13日《君御花园商住楼一期工程施工合同》约定的计价方式作出的报告书鉴定意见明显低于成本价，根据《招标投标法》的规定其不能以此作为结算依据；该案应按成本价结算才合乎公平。法院认为，如前所述，2005年12月13日《君御花园商住楼一期工程施工合同》有效，该合同及其附件对工程款的计算方式作出了详细约定，该案应按照合同约定进行结算。丰帆公司作出的报告书是以该合同为依据，签订程序合法且经双方当事人质证。原判决以该报告书作为认定案涉工程土建部分造价的依据，并无不当。《招标投标法》所称的“低于成本”，是指低于投标人为完成投标项目所需支出的个别成本。由于每个投标人的管理水平、技术能力与条件不同，即使完成同样的招标项目，其个别成本也不可能完全相同。管理水平高、技术先进的投标人，生产、经营成本低，有条件以较低的报价参加投标竞争，这是其竞争实力强的表现。因此，只要投标人的报价不低于自身的个别成本，即使是低于行业平均成本，亦无不可。该案中，广东诚安信工程造价咨询有限公司参照佛山市材料信息平均价或市场价就案涉土建工程作出的不含利润的鉴定造价，属于当地建筑市场的社会平均成本，即使以低于该社会平均成本的价格作为标准确定合同价格，也并不当然属于《招标投标法》所称的“低于成本”的情形。该案中，除广东诚安信工程造价咨询有限公司作出的报告书之外，中建三局并未提供其他证据证明存在合同约定价格低于中建三局个别成本的情形，其应自行承担相应的不利后果。中建三局以丰帆公司报告书的鉴定价格明显低于成本价为由主张原判决认定工程价款有误，法院不予支持。

95 中标通知被确认无效后招标项目该如何处理？

答：（1）《招标投标法》第六十四条规定，依法必须进行招标的项目违反本法规定，中标无效的，应当依照本法规定的中标条件从其余投标人中重新确定中标人或者依照本法重新进行招标。

（2）《招标投标法实施条例》第八十一条规定，依法必须进行招标的项目的招标投标活动违反《招标投标法》和本条例的规定，对中标结果造成实质性影响，且不能采取补救措施予以纠正的，招标、投标、中标无效，应当依法重新招标或者评标。

（3）《房屋建筑和市政基础设施工程施工招标投标管理办法》第四十九条规定，招标投标活动中有《招标投标法》规定中标无效情形的，由县级以上地方人民政府建设行政主管部门宣布中标无效，责令重新组织招标，并依法追究有关责任人责任。

【案例】汕头经济特区利园校服创作有限公司、汕头市濠江区教育局、汕头飞腾织造厂有限公司招标投标买卖合同纠纷案[（2016）粤05民终928号]

裁判要旨：“依法必须进行招标的项目违反本法规定，中标无效的，应当依照本法规定的中标条件从其余投标人中重新确定中标人或者依照本法重新进行招标。”在中标无效的情况下，采购人有权选择“从其余投标供应商中重新确定中标人”或“依法重新进行招标”。

【法院裁判】广东省汕头市中级人民法院认为，关于一审判决驳回汕头经济特区利园校服创作有限公司（以下简称利园公司）提出的判决汕头市濠江区教育局（以下简称濠江教育局）在判决生效后3个工作日内向利园公司发出利园公司为中标人的中标通知书的诉讼请求是否应予撤销的问题。《招标投标法》第六十四条规定："依法必须进行招标的项目违反本法规定，中标无效的，应当依照本法规定的中标条件从其余投标人中重新确定中标人或者依照本法重新进行招标。"因案涉招投标采购文件并未规定在第一中标候选人中标无效的情况下直接确认第二中标候选人为中标人，故在中标无效的情况下，招标人有权选择从其余投标供应商中重新确定中标人或者依法重新进行招标。因此，利园公司主张濠江教育局在判决生效后3个工作日内向利园公司发出利园公司为中标人的中标通知书的诉讼请求，缺乏事实和法律依据，应予驳回。

96 投标单位虚假中标如何处罚？

答：根据虚假中标的情节轻重有可能导致的处罚包括中标无效、没收违法所得、赔偿损失、罚款、吊销营业执照、追究刑事责任等。

根据《招标投标法》第五十四条的规定，投标人以他人名义投标或者以其他方式弄虚作假，骗取中标的，中标无效，给招标人造成损失的，依法承担赔偿责任；构成犯罪的，依法追究刑事责任。依法必须进行招标的项目的投标人有前款所列行为尚未构成犯罪的，处中标项目金额千分之五以上千分之十以下的罚款，对单位直接负责的主管人员和其他直接责任人员处单位罚款数额百分之五以上百分之十以下的罚款；有违法所得的，并处没收违法所得；情节严重的，取消其1～3年参加依法必须进行招标的项目的投标资格并予以公告，直至由工商行政管理机关吊销营业执照。

根据《招标投标法实施条例》第六十八条的规定，投标人以他人名义投标或者以其他方式弄虚作假骗取中标的，中标无效；构成犯罪的，依法追究刑事责任；尚不构成犯罪的，依照《招标投标法》第五十四条的规定处罚。依法必须进行招标的项目的投标人未中标的，对单位的罚款金额按照招标项目合同金额依照《招标投标法》规定的比例计算。

投标人有下列行为之一的，属于《招标投标法》第五十四条规定的情节严重行为，由有关行政监督部门取消其1～3年参加依法必须进行招标的项目的投标资格：

1. 伪造、变造资格、资质证书或者其他许可证件骗取中标；

2. 3 年内 2 次以上使用他人名义投标；

3. 弄虚作假骗取中标给招标人造成直接经济损失 30 万元以上；

4. 其他弄虚作假骗取中标情节严重的行为。

投标人自本条第二款规定的处罚执行期限届满之日起 3 年内又有该款所列违法行为之一的，或者弄虚作假骗取中标情节特别严重的，由工商行政管理机关吊销营业执照。

我国《刑法》第二百二十三条规定：投标人相互串通投标报价，损害招标人或者其他投标人利益，情节严重的，处 3 年以下有期徒刑或者拘役，并处或者单处罚金。

投标人与招标人串通投标，损害国家、集体、公民的合法利益的，依照前款的规定处罚。

【案例】天恩建设工程有限公司与咸丰县丁寨乡人民政府建设工程施工合同纠纷案[（2016）鄂 2826 民初 585 号]

裁判要旨：案涉项目属建设施工合同，投标人以他人名义投标或者以其他方式弄虚作假，骗取中标的，中标无效，给招标人造成损失的，依法承担赔偿责任；构成犯罪的，依法追究刑事责任。

【法院裁判】湖北省咸丰县人民法院认为，招标文件要求投标人的项目经理必须是本单位注册人员且未担任其他在建工程。投标文件中对这一要求作出承诺，并标明参与投标本工程的项目经理为秦某。天恩建设工程有限公司（以下简称天恩公司）提供的说明和关于沙洋县官垱镇 2015 年度高标准基本农田土地整治项目一标段项目经理变更的请示及丁寨乡人民政府提供的关于 2015 年丁寨湾田高标准农田建设示范工程项目相关问题讨论意见的告知函能够相互印证，证实 2015 年 8 月 17 日，天恩公司中标招标人为沙洋县国土资源局的沙洋县官垱镇 2015 年度高标准基本农田土地整治项目一标段工程，拟派项目经理为秦某。虽然天恩公司于2015年12月5日向沙洋县国土资源局提出了变更项目经理的请示，但截至2016年1月13日仍未得到沙洋县国土资源局同意变更的批复。该案争议工程开标时间为2015年12月25日，由此可以认定在天恩公司提交该案争议工程投标文件及评标时，秦某仍担任沙洋县官垱镇2015年度高标准基本农田土地整治项目一标段工程的项目经理。因此，天恩公司《投标文件》中的项目经理秦某不符合招标文件的要求，其隐瞒了秦某担任沙洋县官垱镇2015年度高标准基本农田土地整治项目一标段工程的项目经理，有其他在建工程的事实，弄虚作假，骗取中标。依照《招标投标法》第五十四条第一款的规定，投标人以他人名义投标或者以其他方式弄虚作假，骗取中标的，中标无效，给招标人造成损失的，依法承担赔偿责任；构成犯罪的，依法追究刑事责任。综上所述，法院认定该案天恩公司关于2015年丁寨湾田高标准农田建设示范工程项目工程的中标无效。

97 投诉招投标的违法行为应当注意哪些事项？

答：异议人在投诉招投标的违法行为时，应当重点关注以下五点：

（1）投诉应在规定时限内提出，逾期将可能丧失相关权利；

（2）投诉应当有明确的请求和必要的证明材料；

（3）就资格预审文件和招标文件、开标、评标结果公示这三类事项提出投诉的，应当先向招标人提出异议，异议是投诉的前置程序；

（4）投诉人不得捏造事实、伪造材料或者以非法手段取得证明材料进行投诉；

（5）行政监督部门处理投诉有权调查，必要时可以责令暂停招标投标活动，相关单位和人员有配合的义务。

【案例】广东省高级人民法院发布2018年度行政诉讼十大典型案例之三：大连中睿科技发展有限公司诉深圳市财政委员会招投标投诉处理纠纷案

裁判要旨：行政机关要依法作为，更要依法实质性作为，不能仅仅走程序不解决实际问题。尤其是对政府采购投诉举报事项的调查处理，依法负有监管职责的行政机关不仅要在调查程序上符合法律规定，更要在实体上查清事实，在处理结果上体现公平正义，依法保障投诉人的公平竞争权，为市场主体营造公平的营商环境。

【法院裁判】广东省深圳市盐田区人民法院一审认为，深圳市财政委员会在滨湖公司未尽说明义务，在根据深圳市政府采购中心提交的相关函件及证据材料可以作出认定的情况下，作出涉案决定书并不违法，判决驳回大连中睿科技发展有限公司（以下简称中睿公司）的诉讼请求。中睿公司不服，提起上诉。

广东省深圳市中级人民法院二审认为，涉案的探地雷达综合检测车采购项目招投标文件中明确规定产品拒绝进口，中睿公司认为项目中标人存在申报材料弄虚作假的行为，向深圳市财政委员会提出投诉。深圳市财政委员会在接到投诉材料后，向被投诉人深圳市政府采购中心和中标人转交了投诉材料，但一方面中标人没有作任何回复，另一方面被投诉人深圳市政府采购中心回复函也没有对投诉书的内容作针对性回应。在此情况下，深圳市财政委员会未对中睿公司投诉材料中提及的问题进行实质性调查，就直接作出涉案行政处理决定，属于认定事实不清，依法应予撤销。此外，中睿公司在二审中提交的经过公证的外国某公司的中国代理商在其网站的新闻截图中关于“公司八通道探地雷达综合检测车解决方案助力深圳道路安全”的描述，可能与中睿公司投诉的相关事实存在关联性。深圳市财政委员会应当结合新出现的证据对中睿公司投诉的相关事实进行进一步调查并重新作出处理决定。原审判决认定事实不清，依法应予改判。二审法院判决撤销原审判决，撤销深圳市财政委员会于2016年10月31日作出的深财书（2016）229号投诉处理决定书，责令深圳市财政委员会于判决生效之日起30个工作日内针对中睿公司的投诉重新作出处理。

第六章 合同法律实务问答

98 建设工程施工合同中的“合同实质性内容”该如何界定?

答:所谓“合同实质性内容”,主要是指影响或者决定当事人基本权利义务的条款,应包括合同的标的、价款、质量、履行期限等主要条款。建设工程施工合同背离招投标文件实质性内容的,应认定背离招投标文件实质性内容的条款无效。

浙江佳华时代装饰工程有限公司诉丽水市莲都区林业局建设工程施工合同纠纷案中,一审浙江省丽水市莲都区人民法院合议庭组成人员朱海峰法官认为:“合同实质性内容”最初出现在《招标投标法》中,该法第四十六条第一款规定,“招标人和中标人应当自中标通知书发出之日起三十日内,按照招标文件和中标人的投标文件订立书面合同。招标人和中标人不得再行订立背离合同实质性内容的其他协议。”但该法并未就“合同实质性内容”的内涵和外延作进一步的界定。自2012年2月1日起施行的《招标投标法实施条例》第五十七条第一款规定:“招标人和中标人应当依照招标投标法和本条例的规定签订书面合同,合同的标的、价款、质量、履行期限等主要条款应当与招标文件和中标人的投标文件的内容一致。招标人和中标人不得再行订立背离合同实质性内容的其他协议。”[①]对比上述两个条款可见,《招标投标法实施条例》认为的“合同实质性内容”是指“合同的标的、价款、质量、履行期限等主要条款”。

《最高人民法院关于审理建设工程施工合同纠纷案件适用法律问题的解释》也使用了“合同实质性内容”的概念,该司法解释第二十一条规定:“当事人就同一建设工程另行订立的建设工程施工合同与经过备案的中标合同实质性内容不一致的,应当以备案的中标合同作为结算工程价款的根据。”[②]该司法解释亦未就“合同实质性内容”作更为明确的解释。

上述观点看似“合同实质性内容”的争议不大,但实际又反映出立法对“合

---

① 现行规定为《招标投标法实施条例》(2019年修订),仍规定于第五十七条第一款,内容未变。

② 该规定已被废止,该条的内容已失效,现无最新规定。

同实质性内容”认定的谨慎和纠结。最高人民法院在《最高人民法院建设工程施工合同司法解释的理解与适用》中直接认为“合同实质性内容”一般指合同约定的工程价款、工程质量和工程期限，但其在司法解释中却没有使用“工程价款、工程质量和工程期限”等更准确的概念，而是用了“合同实质性内容”这一较为模糊的概念。笔者认为，之所以出现“合同实质性内容”这一概念，一方面，应是立法者认为“合同实质性内容”与“标的、价款、质量和期限等”尚不能完全等同(比如，招投标文件中约定的合同价款为 10000 元，但双方合同约定的合同价款为 10001 元，这显然是对合同价款的变更，但若因此认定变更了合同实质性内容却并不合适)，法律(或司法解释)希望留一定的自由裁量的空间；另一方面，相关部门又担心在概念不明确的情况下司法者(或执法者)滥用其自由裁量权，而最终选择通过制定实施条例或发布司法解释理解与适用的方式对“合同实质性内容”进行明确，从而对自由裁量权予以限制。

综上，笔者认为，建设工程施工合同中“合同实质性内容”的概念基本还是明确的，主要是指影响或者决定当事人基本权利义务的条款，应包括合同的标的、价款、质量、履行期限等主要条款。

朱海峰法官对“实质性内容“的理解，基本上可以说代表了司法实务中大多数法官的观点，具有普遍代表性，对正确理解“实质性内容”极具参考价值。

【案例】江苏省第一建筑安装集团股份有限公司与唐山市昌隆房地产开发有限公司建设工程施工合同纠纷案[(2017)最高法民终 175 号]

裁判要旨：《最高人民法院关于审理建设工程施工合同纠纷案件适用法律问题的解释》第二十一条①“黑白合同”规定适用前提应为备案的中标合同合法有效，无效的备案合同并非当然具有比其他无效合同更优先参照适用的效力。在当事人存在多份施工合同且均无效的情况下，一般应参照符合当事人真实意思表示并实际履行的合同作为

① 该规定已被废止，该条的内容已失效，现无最新规定。

工程价款结算依据;在无法确定实际履行合同时,可以根据两份争议合同之间的差价,结合工程质量、当事人过错、诚实信用原则等予以合理分配。

【法院裁判】最高人民法院认为,第一,《招标投标法》、《工程建设项目招标范围和规模标准规定》①明确规定应当进行招标的范围,案涉工程建设属于必须进行招标的项目,当事人双方2009年12月8日签订的《备案合同》虽系经过招投标程序签订,并在建设行政主管部门进行备案,但在履行招投标程序确定江苏省第一建筑安装集团股份有限公司(以下简称江苏一建)为施工单位之前,一方面唐山市昌隆房地产开发有限公司(以下简称昌隆公司)将属于建筑工程单位工程的分项工程基坑支护委托江苏一建施工;另一方面江苏一建、昌隆公司、设计单位及监理单位对案涉工程结构和电气施工图纸进行了四方会审,且江苏一建已完成部分楼栋的定位测量、基础放线、基础垫层等施工内容,一审法院认定案涉工程招标存在未招先定等违反《招标投标法》禁止性规定的行为,《备案合同》无效并无不当。

第二,当事人双方2009年12月28日签订的《补充协议》系未通过招投标程序签订,且对《备案合同》中约定的工程价款等实质性内容进行变更,一审法院根据《最高人民法院关于审理建设工程施工合同纠纷案件适用法律问题的解释》第二十一条的规定,认为《补充协议》属于另行订立的与经过备案的中标合同实质性内容不一致的无效合同并无不当。

第三,《最高人民法院关于审理建设工程施工合同纠纷案件适用法律问题的解释》第二条规定,建设工程施工合同无效,但建设工程经竣工验收合格,承

① 原《工程建设项目招标范围和规模标准规定》已被《国务院关于〈必须招标的工程项目规定〉的批复》废止,现行规定为《必须招标的工程项目规定》(国家发展和改革委员会令第16号)第四条:"不属于本规定第二条、第三条规定情形的大型基础设施、公用事业等关系社会公共利益、公众安全的项目,必须招标的具体范围由国务院发展改革部门会同国务院有关部门按照确有必要、严格限定的原则制订,报国务院批准。"第五条:"本规定第二条至第四条规定范围内的项目,其勘察、设计、施工、监理以及与工程建设有关的重要设备、材料等的采购达到下列标准之一的,必须招标:(一)施工单项合同估算价在400万元人民币以上;(二)重要设备、材料等货物的采购,单项合同估算价在200万元人民币以上;(三)勘察、设计、监理等服务的采购,单项合同估算价在100万元人民币以上。同一项目中可以合并进行的勘察、设计、施工、监理以及与工程建设有关的重要设备、材料等的采购,合同估算价合计达到前款规定标准的,必须招标。"

包人请求参照合同约定支付工程价款的，应予支持。[①] 第二十一条规定，当事人就同一建设工程另行订立的建设工程施工合同与经过备案的中标合同实质性内容不一致的，应当以备案的中标合同作为结算工程价款的根据。[②] 就该案而言，经过招投标程序并在建设行政主管部门备案的《备案合同》因违反法律、行政法规的强制性规定而无效，并不存在适用《最高人民法院关于审理建设工程施工合同纠纷案件适用法律问题的解释》第二十一条规定的前提，也并不存在较因规避招投标制度、违反备案中标合同实质性内容的《补充协议》具有优先适用效力。

《合同法》第五十八条[③]规定，合同无效或者被撤销后，因该合同取得的财产，应当予以返还；不能返还或者没有必要返还的，应当折价补偿。有过错的一方应当赔偿对方因此所受到的损失；双方都有过错的，应当各自承担相应的责任。建设工程施工合同的特殊之处在于，合同的履行过程，是承包人将劳动及建筑材料物化到建设工程的过程，在合同被确认无效后，只能按照折价补偿的方式予以返还。该案当事人主张根据《最高人民法院关于审理建设工程施工合同纠纷案件适用法律问题的解释》第二条规定参照合同约定支付工程价款，案涉《备案合同》与《补充协议》分别约定不同结算方式，应首先确定当事人真实合意并实际履行的合同。

结合该案《备案合同》与《补充协议》，从签订时间而言，《备案合同》落款时间为 2009 年 12 月 1 日，2009 年 12 月 30 日在唐山市建设局进行备案；《补充协议》落款时间为 2009 年 12 月 28 日，签署时间仅仅相隔 20 天。从约定施工范围而言，《备案合同》约定施工范围包括施工图纸标示的全部土建、水暖、电气、电梯、消防、通风等工程的施工安装，《补充协议》约定施工范围包括金色和园项目

---

① 《最高人民法院关于审理建设工程施工合同纠纷案件适用法律问题的解释》已废止，该条目前已失效，现无最新规定。

② 原《最高人民法院关于审理建设工程施工合同纠纷案件适用法律问题的解释》已被《最高人民法院关于废止部分司法解释及相关规范性文件的决定》（法释〔2020〕16 号）废止。现行规定为《最高人民法院关于审理建设工程施工合同纠纷案件适用法律问题的解释（一）》（法释〔2020〕25 号）第二十四条："当事人就同一建设工程订立的数份建设工程施工合同均无效，但建设工程质量合格，一方当事人请求参照实际履行的合同关于工程价款的约定折价补偿承包人的，人民法院应予支持。实际履行的合同难以确定，当事人请求参照最后签订的合同关于工程价款的约定折价补偿承包人的，人民法院应予支持。"

③ 该条已废止，现无最新规定。

除土方开挖、通风消防、塑钢窗、景观、绿化、车库管理系统、安防、电梯、换热站设备、配电室设备、煤气设施以外所有建筑安装工程，以及雨污水、小区主环路等市政工程。实际施工范围与两份合同约定并非完全一致。从约定结算价款而言，《备案合同》约定固定价，《补充协议》约定执行河北省2008年定额及相关文件，建筑安装工程费结算总造价降3%，《补充协议》还约定价格调整、工程材料由甲方认质认价。综上分析，当事人提交的证据难以证明其主张所依据的事实，一审判决认为当事人对于实际履行合同并无明确约定，两份合同内容比如甲方分包、材料认质认价在合同履行过程中均有所体现，无法判断实际履行合同并无不当。

99 当事人另行签订的背离中标合同实质性内容的合同是否有效？

答：当事人另行签订的背离中标合同实质性内容的合同无效。

当事人背离中标合同实质性内容另签协议，既可能损害正常的招标投标程序，也可能损害中标人的合法权益。《最高人民法院关于审理建设工程施工合同纠纷案件适用法律问题的解释（一）》（法释〔2020〕25号）第二十二条规定："当事人签订的建设工程施工合同与招标文件、投标文件、中标通知书载明的工程范围、建设工期、工程质量、工程价款不一致，一方当事人请求将招标文件、投标文件、中标通知书作为结算工程价款的依据的，人民法院应予支持。"

《最高人民法院关于审理建设工程施工合同纠纷案件适用法律问题的解释（一）》第二条规定："招标人和中标人另行签订的建设工程施工合同约定的工程范围、建设工期、工程质量、工程价款等实质性内容，与中标合同不一致，一方当事人请求按照中标合同确定权利义务的，人民法院应予支持。招标人和中标人在中标合同之外就明显高于市场价格购买承建房产、无偿建设住房配套设施、让利、向建设单位捐赠财物等另行签订合同，变相降低工程价款，一方当事人以该合同背离中标合同实质性内容为由请求确认无效的，人民法院应予支持。"

审判实务中，我们通常把中标合同称为"白合同"，把当事人另行订立的与中标合同实质性内容不一致的合同称为“黑合同”。准确理解和适用上述两条司法解释规定,需要把握以下几点。

(1)“白合同”有效。

“白合同”有效是认定“黑合同”无效的前提。如果“白合同”无效,就不能简单地以“白合同”作为计算工程价款的依据,而必须根据当事人的真实意思、实际履行情况等因素判断当事人双方实际履行的系哪一份合同,并依此合同进行结算。“白合同”有效是指招标投标程序合法且中标有效。“白合同”通常情况下应是有效的,但也存在无效的情形,《招标投标法》规定了 6 种中标无效的情形,篇幅有限,此处不再赘述。

(2)“白合同”必须是中标合同,与是否备案无关。

我国《建筑法》《招标投标法》等法律未规定建设工程施工合同的备案制度。2001 年 6 月 1 日原建设部发布的《房屋建筑和市政基础设施工程施工招标投标管理办法》第四十七条第一款规定,订立书面合同后 7 日内,中标人应当将合同送工程所在地的县级以上地方人民政府建设行政主管部门备案。[①] 这一行政规章应当是建设工程施工合同备案制度的依据。或许在当时的情况下,备案制度有其意义,但随着市场机制的发展与行政管理措施的完善,建设工程合同备案制已没有存在的基础。

2018 年 5 月 14 日发布的《国务院办公厅关于开展工程建设项目审批制度改革试点的通知》(国办发〔2018〕33 号)在“精简审批环节”中有关“精减审批事项和条件”部分,明确规定在试点地区“取消施工合同备案、建筑节能设计审查备案等事项”。

2018 年 9 月 28 日公布的《住房城乡建设部关于修改〈房屋建筑和市政基础设施工程施工招标投标管理办法〉的决定》正式取消了建设工程施工合同强制备案制度。此后,无论是依法必须进行招标投标的工程项目还是其他的工程项目,当事人通过招标投标的方式进行发包与承包,并根据招标投标结果签订建设工程施工合同即可,无须再向建设行政主管部门备案。在备案制不存在的情

① 《房屋建筑和市政基础设施工程施工招标投标管理办法》(2019 年修正)中已删去了这一句规定,现无新的规定。

形下，所谓"白合同"仅指招标人即发包人与中标人即承包人依据招标文件、投标文件等签订的建设工程施工合同。

（3）"黑合同"必须是对中标合同的实质性背离。

实践中，必须正确把握"实质性背离"与合同变更之间的关系。建筑工程是一项系统的工程，"白合同"签订之后，由于履行期限长、变化大，随着施工进度的深入，发包方与承包方之间就工程中出现的具体问题进行补充、变更是正常和普遍的。如果"黑合同"的内容与"白合同"不一致并未构成对"白合同"实质性内容的违反或者背离，属于合同变更，是合同自由原则的体现，不属于对中标合同的实质性背离。

（4）双方当事人已经结算完毕，一方当事人如无证据证明结算协议或者结算行为存在胁迫等情形而要求依据司法解释关于"黑白合同"的规定，推翻结算协议，则有违诚信原则，不应予以支持。

（5）当事人另行签订的建设工程施工合同无论是在中标合同之前还是在中标合同之后签订，均不得背离中标合同的实质性内容。

应当特别注意的是，不能简单地以当事人在招标投标之前签订过备忘录等即认定当事人存在串通招投标行为从而否定中标合同的效力。中标合同是否无效，取决于双方当事人在招标投标过程中是否存在导致招标投标无效的情形。

（6）中标合同既包括《招标投标法》第四十六条第一款的"书面合同"即合同书，也包括合同书中约定作为合同组成部分的招标投标文件、其他相关合同性文件等。对此，《建设工程施工合同（示范文本）》（GF－2017－0201）合同协议书部分有明确约定，篇幅有限，此处不再赘述。

【案例】浙江佳华时代装饰工程有限公司诉丽水市莲都区林业局建设工程施工合同纠纷案［（2016）浙11民终585号］

裁判要旨：合同实质性内容主要是指影响或者决定当事人基本权利义务的条款，应包括合同的标的、价款、质量、履行期限等主要条款。

建设工程施工合同背离招投标文件实质性内容的，应认定背离招投标文件实质性内容的条款无效。

【法院裁判】浙江省丽水市中级人民法院认为，关于人工工资是否按省信息价补差的问题，《建设工程施工合同》中关于“增加工程不让利，人工工资按省信息价补差”的约定实质性变更了招投标文件的内容，且上诉人并没有提供证据证明该实质性变更具有正当事由，故应认定该约定无效，上诉人要求按该约定对人工工资按省信息价补差，法院不予支持。

100 不具备专业承包资质是否影响承包合同效力？

答：专业工程项目必须发包或分包给具有专业承包资质的企业，如专业工程承包人或分包人不具备相应专业承包资质，则合同无效。

我国《民法典》第七百九十一条第三款中规定：“禁止承包人将工程分包给不具备相应资质条件的单位。”《建筑法》第二十九条第三款亦作出同样规定。《房屋建筑和市政基础设施工程施工分包管理办法》第八条规定，分包工程承包人必须具有相应的资质，并在其资质等级许可的范围内承揽业务。

最高人民法院(2013)民申字第217号民事裁定书认为，案涉工程为土石方工程，根据《建筑业企业资质管理规定》[①]《专业承包企业资质等级标准》的规定，土石方工程承包者应有相应的资质。承包人将涉案土石方工程分包给没有资质的个人，二审法院认定涉案合同无效并无不当。陕西省高级人民法院(2017)陕民终764号民事判决书认为，由于承包人没有钢结构工程施工资质，根据《最高人民法院关于审理建设工程施工合同纠纷案件适用法律问题的解释》第一条第(一)项“建设工程施工合同具有下列情形之一的，应当根据合同法第五十二条第(五)项的规定，认定无效：(一)承包人未取得建筑施工企业资

① 根据《住房城乡建设部关于修改〈建筑业企业资质管理规定〉等部门规章的决定》于2018年修改。

质或者超越资质等级的”[①]之规定，涉案 6 份工程施工承包合同依法应属无效合同。

【案例】陈某良诉中国三冶集团（营口）有限公司、中国三冶集团有限公司、盘锦爱顿新城置业有限公司建设工程合同纠纷案［（2017）辽 1103 民初 1848 号］

裁判要旨：案涉项目属房屋建设施工合同，专业工程项目必须发包或分包给具有专业承包资质的企业，如专业工程承包人或分包人不具备相应专业承包资质，则合同无效。

【法院裁判】江苏省宿迁市中级人民法院认为，被告盘锦爱顿新城置业有限公司与被告中国三冶集团有限公司签订的建设工程总承包施工合同，中国三冶集团有限公司与被告中国三冶集团（营口）有限公司签订的建设工程施工合同是双方当事人的真实意思表示，该合同合法有效，受法律保护。《房屋建筑和市政基础设施工程施工分包管理办法》第八条[②]规定，分包工程承包人必须具有相应资质，并在其资质等级许可的范围内承揽业务，严禁个人承揽分包工程业务。被告中国三冶集团（营口）有限公司与陈某良签订的劳务承包合同，由于陈某良不具有劳务作业法定资质，该合同无效。

---

① 原《最高人民法院关于审理建设工程施工合同纠纷案件适用法律问题的解释》已被《最高人民法院关于废止部分司法解释及相关规范性文件的决定》（法释〔2020〕16 号）废止。现行规定为《最高人民法院关于审理建设工程施工合同纠纷案件适用法律问题的解释（一）》（法释〔2020〕25 号）第一条：“建设工程施工合同具有下列情形之一的，应当依据民法典第一百五十三条第一款的规定，认定无效：（一）承包人未取得建筑业企业资质或者超越资质等级的；（二）没有资质的实际施工人借用有资质的建筑施工企业名义的；（三）建设工程必须进行招标而未招标或者中标无效的。承包人因转包、违法分包建设工程与他人签订的建设工程施工合同，应当依据民法典第一百五十三条第一款及第七百九十一条第二款、第三款的规定，认定无效。”

② 2019 年《房屋建筑和市政基础设施工程施工分包管理办法》修正后仍为第八条。

101 合同主要条款与招标投标文件不一致的行政责任是什么？

答：《招标投标法实施条例》第七十五条规定，招标人和中标人不按照招标文件和中标人的投标文件订立合同，合同的主要条款与招标文件、中标人的投标文件的内容不一致，或者招标人、中标人订立背离合同实质性内容的协议的，由有关行政监督部门责令改正，可以处中标项目金额5‰以上10‰以下的罚款。

【案例】广西博贝隆建设工程有限公司与南宁经济技术开发区管理委员会、南宁绿港建设投资集团有限公司合同纠纷案[（2018）桂民初3号]

裁判要旨：案涉协议虽然对原招标文件中的付款方式和期限进行了变更，但不属于法律规定导致合同无效的情形，而是属于应当改正的情形，即是将有关违反上述规定的条款内容变更为与招投标文件规定的内容相一致。

【法院裁判】广西壮族自治区高级人民法院认为，涉案协议虽然对原招标文件中的付款方式和期限进行了变更，但不属于法律规定导致合同无效的情形，而是属于应当改正的情形。《招标投标法实施条例》第六章就违反《招标投标法》而致中标或合同无效的情形作出了明确的规定，而对于"招标人与中标人不按照招标文件和中标人的投标文件订立合同的，或者招标人、中标人订立背离合同实质性内容的协议"的情形，并未规定为合同无效。对于案涉协议改变原招标文件中的付款方式和期限的行为，根据《招标投标法》第五十九条"招标人与中标人不按照招标文件和中标人的投标文件订立合同的，或者招标人、中标人订立背离合同实质性内容的协议的，责令改正；可以处中标项目金额千分之五以上千分之十以下的罚款"及《招标投标法实施条例》第七十五条"招标人和中标人不按照招标文件和中标人的投标文件订立合同，合同的主要条款与招标文件、中标人的投标文件的内容不一致，或者招标人、中标人订立背离合同实质性内容的协议的，由有关行政监督部门责令改正，可以处中标项目金额5‰以上

10‰以下的罚款”的规定,虽然该案涉案协议的上述行为没有经有关行政监督部门查处,但司法不能支持和保护明显违法的行为。所谓“责令改正”,即是将有关违反上述规定的条款内容变更为与招投标文件规定的内容相一致,即该案涉协议关于付款的方式和期限的条款,应按招投标文件的规定内容执行即付款方式为分两期支付项目总房款,其中,第一期应在签订协议后10个工作日内支付总房款的50%,第二期应在支付完第一期后两年内,付清总房款剩余的50%。

主要参考文献

1. 国家发展和改革委员会法规司、国务院法制办公室财金司、监察部执法监察司编著:《中华人民共和国招标投标法实施条例释义》,中国计划出版社 2012 年版。
2. 白如银主编:《招标投标典型案例评析》,中国电力出版社 2017 年版。
3. 张启浩、张鲁婧:《招投标法律法规适用研究与实践——投标文件编制要点与技巧》,电子工业出版社 2018 年版。
4. 白如银编著:《招标投标法注释书》,中国民主法制出版社 2020 年版。